"十三五"国家重点图书出版规划项目
自动驾驶技术系列丛书

自动驾驶
汽车定位技术

李晓欢 杨晴虹 宋适宇 马常杰 ◎编著

清华大学出版社
北京

内 容 简 介

近年来,世界主要强国均大力支持自动驾驶汽车的相关研究。从政府出台政策扶持,到企业投入巨额资金研发,再到高校及研究机构对相关技术的不断探索,推动了自动驾驶汽车定位技术迅速发展和产业规模不断扩大。与之相对应的是自动驾驶汽车技术人才供不应求,企业和研究机构急需大量专业技术人员。本书系统地介绍了自动驾驶汽车定位技术,从自动驾驶汽车定位的需求入手,讲述了实现自动驾驶汽车定位的高精度地图、融合定位及辅助定位三大关键环节的基本原理及前沿技术,并通过实践验证。

本书可以作为高等院校汽车工程、交通工程和自动驾驶专业在校学生的教材,也可供从事自动驾驶汽车相关行业的工程技术人员参考和使用。

图书在版编目(CIP)数据

自动驾驶汽车定位技术/李晓欢等编著. —北京:清华大学出版社,2019(2022.7 重印)
(自动驾驶技术系列丛书)
ISBN 978-7-302-53777-9

Ⅰ. ①自…　Ⅱ. ①李…　Ⅲ. ①汽车驾驶－自动驾驶系统－车辆定位系统　Ⅳ. ①U463.8

中国版本图书馆 CIP 数据核字(2019)第 200065 号

责任编辑:黄　芝　张爱华
封面设计:刘　键
责任校对:焦丽丽
责任印制:朱雨萌

出版发行:清华大学出版社
　　　　网　　　址:http://www.tup.com.cn,http://www.wqbook.com
　　　　地　　　址:北京清华大学学研大厦 A 座　　　　　　邮　　编:100084
　　　　社 总 机:010-83470000　　　　　　　　　　　　　邮　　购:010-62786544
　　　　投稿与读者服务:010-62776969,c-service@tup.tsinghua.edu.cn
　　　　质量反馈:010-62772015,zhiliang@tup.tsinghua.edu.cn
　　　　课件下载:http://www.tup.com.cn,010-83470236
印 装 者:三河市龙大印装有限公司
经　　销:全国新华书店
开　　本:185mm×260mm　　　印　张:10.25　　　　　字　　数:245 千字
版　　次:2019 年 12 月第 1 版　　　　　　　　　　　　印　　次:2022 年 7 月第 8 次印刷
印　　数:15201～17200
定　　价:59.80 元

产品编号:083013-01

丛书编写委员会

主　　编：王云鹏　李震宇

副 主 编：陈尚义　邓伟文　吕卫锋

执行主编：杨世春　杨晴虹　蒋晓琳

参　　编：（按姓氏拼音排列）

白　宇	鲍万宇	鲍泽文	蔡仁澜	曹耀光	陈博文
陈东明	陈竞凯	陈　卓	段　旭	冯宗宝	付骁鑫
傅轶群	郝大洋	胡　星	华　旸	黄　坚	黄科佳
黄新宇	李洪业	李　明	李晓欢	李晓辉	刘盛翔
柳长春	路　娜	马常杰	马　彧	毛继明	芮晓飞
佘党恩	申耀明	宋　国	宋适宇	唐　欣	唐　盈
陶　吉	万国伟	万　吉	王　建	王　健	王　军
王　亮	王亚丽	王　阳	王煜城	夏黎明	夏添森
肖　赟	谢远帆	辛建康	邢　亮	徐国艳	闫　森
杨　镜	杨睿刚	杨晓龙	余贵珍	云　朋	翟玉强
张　辉	甄先通	周　彬	周　斌	周绍栋	周　珣
周　尧	周亦威	朱振广			

序

随着我国工业化、城镇化和机动化进程的不断加快,伴随而来的道路交通事故频发、城市交通拥堵加剧和环境污染等一系列问题日益凸显,不仅给人们出行和城市发展,乃至我国经济、社会和环境的可持续发展带来了严峻的挑战,也严重阻碍了我国汽车工业的持续健康发展。步入汽车社会不久的中国已经被交通安全、城市拥堵、大气污染、土地空间和能源短缺等诸多问题严重困扰,这些问题成为制约我国经济与社会发展、城镇化进程和汽车工业发展的主要因素。

以现代智能汽车为核心,基于人工智能、互联网、大数据和云计算技术,具有高度智能化的人、车、路、网、云和社会一体化的新型智能交通系统是解决这一矛盾的根本途径。通过对道路交通信息和车载环境感知信息的高度融合、通过大系统建模,实现对交通和车辆的动态实时规划,集成控制道路交通设施和车辆行驶,实现以安全、畅通、高效和绿色交通为目标的道路交通流量、流速和流向的最优化,智能汽车是其核心单元。

智能汽车是汽车电子信息化和智能化的现代高科技产物,是集环境感知、规划决策和控制执行等功能于一体的现代运载工具和移动信息处理平台,具有典型的多学科和跨学科特点,它既是传统技术的继承与发展,又是许多新兴科学技术应用的结晶。开展智能汽车从基础理论到关键技术的研究,特别是人工智能技术的应用,对于提升汽车技术、加强传统技术与现代电子信息和人工智能技术的深度融合具有十分重要的意义。这也是本丛书的出发点和立意所在。

汽车自动驾驶技术,以及未来与车联网结合实现的智能网联技术,高度融合了现代环境传感、信息处理、通信网络、运动控制等技术,以实现安全可靠的自动驾驶为目标。特别是近年来以深度学习为代表的人工智能技术,不仅成为引领这一轮科技革命和产业变革的战略性技术,而且在包括汽车自动驾驶在内的许多领域凸显其技术优势,为推动汽车自动驾驶技术的发展与大规模产业化奠定了关键的技术基础。深度学习通过构建多隐层模型,通过数据挖掘和海量数据处理,自动学习数据的特征、内在规律和表示层次,从而有效地解决汽车自动驾驶中许多复杂的模式识别难题。随着深度学习理论和算法的不断发展,可以预期许多新的技术还将不断涌现或完善,以提高深度学习的计算效率和识别或预测的准确性,从而为深度学习乃至人工智能技术在汽车自动驾驶领域的广泛且深入应用开辟更为广阔的应用前景。本丛书对此作了较为详尽的介绍,这也是其新颖之处。

百度作为一家具有过硬搜索技术的互联网公司,也在人工智能和无人驾驶等领域形成了具有重要国际影响力的技术优势。百度也是我国互联网造车势力中的重要代表力量,早在2013年就开始了无人驾驶汽车项目,近年来更是取得了令世界瞩目的进展和成果。其开发的以开放性著称、面向汽车自动驾驶行业合作伙伴的软件平台Apollo就是一个典范,为合作伙伴提供技术领先、覆盖范围广、超高自动化水准的高精地图、海量数据仿真引擎、深度学习自动驾驶算法等。本丛书对Apollo平台的介绍着笔不少,相信对从事汽车自动驾驶领域研究与应用的读者大有裨益。

这是一套共六册的关于汽车自动驾驶的系列丛书,由来自北京航空航天大学、百度等一批活跃在汽车自动驾驶理论研究与技术应用一线的中青年优秀学者和科研人员执笔撰写。它不仅涵盖的范围广泛,而且内容也十分丰富翔实。值得关注的是,它涉及的知识体系和应用领域已大大超越了传统的汽车领域,广泛地涵盖了电子信息、自动控制、计算机软硬件、无线通信、人工智能等在内的许多学科。它不仅是汽车自动驾驶的技术丛书,也是跨学科融合、多学科交叉的平台。这套丛书内容深入浅出、理论结合实践、叙述融合实例,各册彼此相对独立又相得益彰。作为教材或参考书,本丛书将为这个领域的教学与人才培养提供一个较好的选择,既为刚步入智能驾驶世界的读者开启一扇大门,也为深耕智能驾驶领域的科研和工程技术人员提供一套有价值的技术参考资料。

邓伟文　北京航空航天大学交通科学与工程学院院长

前言

定位技术作为自动驾驶汽车的关键技术之一，是通过各种定位手段与多种传感器数据融合实现汽车的精确定位，让自动驾驶汽车获得自身确切位置，解决"我在哪儿"的问题。精确定位是自动驾驶汽车必不可少的功能，因其对定位精度和可靠性、基础地图和环境融合认知能力要求更高而面临更大的挑战，成为自动驾驶领域研究的热点，受到了工业界和学术界的广泛关注。目前，研究人员对通用的定位技术研究较多，如卫星定位、惯性导航定位等，相关书籍不胜枚举，但针对自动驾驶汽车定位技术进行系统的分析、归纳及实践的书籍少。本书正是为了适应自动驾驶技术的发展，从自动驾驶汽车定位的应用需求入手，系统地讲述实现自动驾驶定位的高精度地图、融合定位及辅助定位三大关键环节的基本原理及前沿技术，并通过实验范例帮助读者理解和学习。

全书共 5 章。第 1 章是概述，简要介绍和归纳自动驾驶定位技术的发展背景及技术路线。第 2 章是高精度地图，介绍高精度地图对自动驾驶交通环境定位的价值，及其关键技术和解决方案。第 3 章是汽车定位技术，重点阐述多种定位技术的原理、关键技术及融合应用。第 4 章是无线通信辅助汽车定位，重点介绍基于车联网的辅助定位。第 5 章是自动驾驶高精度地图与定位实践，主要介绍高精度地图标志牌识别、激光点云配准及基于百度 Apollo 平台的多传感器融合定位实践。限于篇幅，本书未能把自动驾驶定位相关技术介绍得非常详尽，有兴趣的读者可以通过查阅对应章节的参考文献或相关资料进一步学习。

本书除第 1 章的概述和第 5 章的实践范例外，其余章节重点介绍了与自动驾驶定位相关的原理及技术，具有一定的专业性和前瞻性。因此，本书既可以作为从事自动驾驶定位技术研究和开发的科研人员的参考用书，也可以作为高等院校导航、通信、信息、物联网、计算机、汽车等相关专业的研究生和高年级本科生的教材。

本书由北京航空航天大学联合百度公司共同编写，在编写过程中得到来自北京航空航天大学和百度的多位专家、老师、学生的参与和支持,包括唐欣、黄科佳、万国伟、蔡仁澜、杨晓龙、芮晓飞、周尧、王健、闫淼、杨镜、段旭、白宇、佘党恩、罗明懿、王对武、覃兴胜、唐峯竹等。谨在此向他们致以深深的谢意。

本书在编写过程中,参阅了大量的文献资料,从中得到了许多有益的启示和帮助,在此向这些文献的作者表示衷心的感谢。

由于编写时间短、编者水平有限,加之经验不足,本书难免有疏漏之处,恳请各位同行和读者批评指正。

作 者

2019 年 5 月

目录

第1章 概述

1.1 自动驾驶定位技术的构成

汽车定位技术是让汽车知道自身确切位置的技术,这是一项有趣且富有挑战的任务,对于自动驾驶汽车来说非常重要。准确可靠的汽车位置和姿态(简称位姿)等定位信息是实现自动驾驶汽车导航功能的前提和基础。自动驾驶汽车要求定位系统能准确、实时感知自身在全局环境中的相对位置且定位精度达到厘米级,同时对定位技术的可靠性和安全性提出了非常高的要求,而采用普通导航地图、卫星定位及基站定位等现有的定位方案显然不能满足自动驾驶汽车对于高精度定位的需求。因此,多种感知技术与定位技术的融合定位成为自动驾驶定位技术的发展趋势。

本书从自动驾驶定位的应用需求入手,将自动驾驶定位分为环境定位、汽车自定位和辅助定位三大方面(如图1-1所示),并系统地讲述了以上三大方面对应的高精度地图、汽车定位技术及无线通信辅助汽车定位的基本原理及前沿发展。最后,基于上述技术及百度Apollo等平台工具设计实验范例帮助读者理解学习的内容。

1. 高精度地图

高精度地图是用于自动驾驶的专用地图,在整个自动驾驶领域扮演着核心角色。高精度地图由含有语义信息的车道模型、道路部件、道路属性等矢量信息,以及用于多传感器定位的特征图层构成。自动驾驶汽车在高精度地图的辅助下更容易判断自身位置、可行驶区域、目标类型、行驶方向、前车相对位置、感知红绿灯状态及行驶车道等信息。与此同时,还能通过超视距的感知能力,辅助汽车预先感知坡度、曲率、航向等路面复杂信息,再结合路径规划算法,让汽车做出正确决策。因此,高精度地图是保障自动驾驶安全性与稳定性的关键,在自动驾驶的感知、定位、规划、决策、控制等过程中都发挥着重要作用。

正是考虑上述原因,高精度地图生产制作过程中,需要对采集到的交通环境图像、激光点云、GPS定位等多种传感器原始数据进行处理,其中

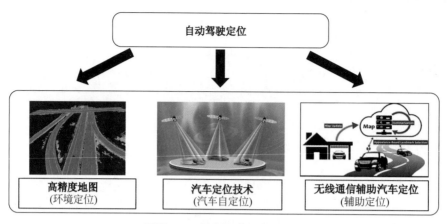

图 1-1   自动驾驶定位的构成

涉及车道线识别、交通标识标牌的图像处理技术、激光点云配准技术、同步定位与建图技术以及 OTA 数据更新与回传等云端服务技术。

2. 汽车定位技术

当前可用于汽车定位的技术及方案越来越多,由不同类型传感器组成的定位系统也变得多样化,其中,按技术原理的不同,可将现有的汽车定位技术分为以下三类。

第一类是基于信号的定位,其采用飞行时间测距法(Time Of Flight,TOF)获取汽车与卫星间的距离,然后,使用三球定位原理得到汽车的空间绝对位置。其典型代表是全球导航卫星系统(Global Navigation Satellite System,GNSS),常用的 GPS(Global Positioning System,全球定位系统)即为 GNSS 中的一种。

第二类是航迹递推(Dead Reckoning,DR),依靠加速度计(Accelerometer)、陀螺仪(Gyroscope)、里程计(Odometer)等,根据上一时刻汽车的位置和航向递推出当前时刻汽车的位置和航向。

第三类是地图匹配(Map Matching,MM),用激光雷达(LiDAR)或摄像头(Camera)采集到的数据特征和高精度地图数据库中存储的特征进行匹配,得到实时的汽车位姿。

在自动驾驶定位系统的实践中,通常使用多种技术融合定位的方案。

3. 无线通信辅助汽车定位

定位技术作为自动驾驶系统的关键部分,对汽车获取精确的位置信息至关重要。其中,传统的定位以定位卫星、激光雷达、毫米波雷达、摄像头等为定位信息获取手段。但卫星信号易受到遮挡的限制,导致车载定位系统失效;激光雷达和毫米波雷达在恶劣环境(如暴雨、雪天等)下的可用性不高,定位误差大;摄像头受光照强度影响,全天候工作困难。随着智能网联汽车技术的发展,V2X(Vehicle-To-Everything)车联网在高精度地图更新、辅助定位等方面发挥了巨大的作用。V2X 车联网技术相当于自动驾驶汽车的耳朵,其感知的距离更远,且不易受遮挡物的影响,已成为自动驾驶不可或缺的一环。

V2X 车联网技术可以使车车和车路更好地进行协同,并可以通过相应的技术优化,提高自动驾驶定位精度,改善通行效率,保障交通安全。另外,在卫星定位无法正常使用的特定区域,如地下停车场等,可采用 Wi-Fi、RFID(射频识别)、超宽带、可见光等专用短程通信技术实现汽车室内定位。

　　为了让读者更好地学习并了解自动驾驶高精度地图与定位技术,读者可通过本书第2~4章对高精度地图及定位技术进行相关理论学习,然后通过第5章高精度地图制作流程、制作的关键技术以及结合百度Apollo的自动驾驶开发平台进行定位实践,其实践的主要目的是从实践的操作中引导读者巩固高精度地图和定位技术相关理论知识,学有所用。

　　自动驾驶高精度地图与定位技术实践,首先介绍了高精度地图制作的流程、方法与实用技巧。例如,基于Caffe深度学习模型的建立、配置以及使用,CloudCompare辅助软件工具的使用方法等。然后,讲解激光点云计算库的编译和使用,激光点云分割、包围盒添加以及激光点云配准等。最后,结合百度Apollo自动驾驶开发平台,开展定位技术实践应用。

1.2　本章小结

　　本章从自动驾驶的环境定位、汽车自定位及辅助定位三方面入手,分别介绍了高精度地图、汽车定位技术及无线通信辅助汽车定位,以帮助读者对自动驾驶汽车定位的内涵及分类有一定的认识,对当前普遍使用和受到广泛关注的汽车定位技术的类型和方法建立一定的理论基础,而定位实践是自动驾驶定位技术开发的重要环节,对自动驾驶定位技术的应用和推广具有积极作用。

第2章 高精度地图

高精度地图以精细化描述道路及其车道线、路沿、护栏、交通标志牌、动态信息为主要内容,具有精度高、数据维度多、时效性高等特点,为自动驾驶汽车的定位、规划、决策、控制等应用提供安全保障,是自动驾驶解决方案的核心和基础。以下将从高精度地图的定义及其价值、关键技术和解决方案三个部分进行讲解。

2.1 高精度地图的定义及其价值

高精度地图也称为高分辨率地图(High Definition Map,HD Map)或高度自动驾驶地图(Highly Automated Driving Map,HAD Map)。高精度地图与普通导航地图不同,主要面向自动驾驶汽车,通过一套特有的定位导航体系,协助自动驾驶系统解决性能限制问题,拓展传感器检测范围。下面将从高精度地图的分层架构、高精度地图对自动驾驶的价值和高精度地图行业现状三个方面进行介绍。

2.1.1 高精度地图的分层架构

通俗来讲,高精度地图是比普通导航地图精度更高、数据维度更广的地图,其精度更高体现在地图精度精确到厘米级,数据维度更广体现在地图数据除道路信息之外还包括与交通相关的周围静态信息。普通导航地图与高精度地图示例如图 2-1 与图 2-2 所示。

高精度地图主要由静态数据和动态数据构成,其中静态数据包括道路层、车道层、交通设施层等图层信息;动态数据包括实时路况层、交通事件层等图层信息。高精度地图的分层架构如图 2-3 所示。

与此同时,高精度地图作为普通导航地图的延伸,在精度、使用对象、时效性及数据维度等方面与普通导航地图有如下不同。

(1)精度:普通导航地图精度一般达到米级;高精度地图精度达到厘米级。

(2)使用对象:普通导航地图面向人类驾驶员;高精度地图面向机器。

■图2-1　普通导航地图示例

■图2-2　高精度地图示例[1]

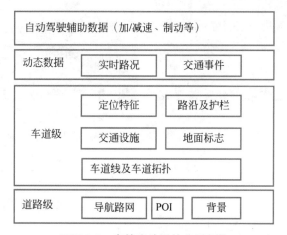

■图2-3　高精度地图的分层架构

（3）时效性：对于静态数据，普通导航地图更新要求一般在月度或季度级别；高精度地图为保证自动驾驶的安全性，一般要求周级或天级更新。对于动态数据，普通导航地图不做要求；高精度地图要求车道级路况或交通事件等信息实时更新。

（4）数据维度：普通导航地图只记录道路级别的数据，如道路等级、几何形状、坡度、曲率、方向等；高精度地图在普通导航地图基础上不仅增加了车道及车道线类型、宽度等属性，更有诸如护栏、路沿、交通标志牌、信号灯和路灯等详细信息。

2.1.2　高精度地图对自动驾驶的价值

高精度地图作为自动驾驶的稀缺资源和必备构件，能够满足自动驾驶汽车在行驶过程中地图精确计算匹配、实时路径规划导航、辅助环境感知、驾驶决策辅助和智能汽车控制的需要，并在每个环节都发挥着至关重要的作用。其主要功能如图2-4所示。

1. 辅助环境感知

传感器作为自动驾驶的"眼睛"，有其局限性，如易受恶劣天气的影响[2]等。高精度地图可以对传感器无法探测或探测精度不够的部分进行补充，实现实时状况的监测及外部信息的反馈，进而获取当前位置精准的交通状况。

(a) 辅助环境感知

(b) 辅助定位

(c) 辅助路径规划

(d) 辅助决策与控制

■图 2-4　高精度地图在自动驾驶中的主要功能

通过对高精度地图模型的提取,可以将汽车周边的道路、交通设施、基础设施等元素和元素之间的拓扑结构提取出来。如果自动驾驶汽车在行驶过程中检测到高精度地图中不存在的元素,则一定程度上可将这些元素视为障碍物。通过这一方式,可帮助感知系统识别周围环境,提高检测精确度和检测速度,并节约计算资源。

2. 辅助定位

由于存在各种定位误差,地图上的移动汽车并不能与周围环境始终保持正确的位置关系[3],在汽车行驶过程中,利用地图匹配可精确定位汽车在车道上的具体位置,从而提高汽车定位的精度[4-5]。相较于更多地依赖于 GNSS 提供定位信息的普通导航地图,高精度地图更多地依靠其准确且丰富的先验信息(如车道形状、曲率和标志牌等),通过结合高维度的数据与高效率的匹配算法,能够实现更高精度的匹配与定位[6-7]。

3. 辅助路径规划

普通导航地图仅能给出道路级的路径规划,而高精度地图的路径规划导航能力则提高到了车道级,例如高精度地图可以确定车道的中心线,可以保证汽车尽可能地靠近车道中心行驶。在人行横道、低速限制或减速带等区域,高精度地图可使汽车能够提前查看并预先减速[8]。对于行驶汽车附近的障碍物,高精度地图可帮助自动驾驶汽车缩小路径选择范围,以便选择最佳避障方案[9]。

4. 辅助决策与控制

高精度地图是对物理环境道路信息的精准还原,可为汽车加减速、并道和转弯等驾驶决策控制提供关键道路信息。而且,高精度地图能给汽车提供超视距的信息,并与其他传感器形成互补,辅助系统对汽车进行控制。

高精度地图为汽车提供了精准的预判信息,具有提前辅助其控制系统选择合适的行驶策略等功能,有利于减少车载计算压力和突破计算性能瓶颈,使控制系统更多关注突发状况,为自动驾驶提供辅助控制能力。因此,在提升汽车安全性的同时,有效降低了车载传感器和控制系统的成本。

2.1.3　高精度地图行业现状

近年来,汽车工业伴随着智能化、网联化的新技术浪潮进入了全新的发展阶段,充满机遇也充满挑战。自动驾驶技术研究逐渐受到各个科技强国的重视,美、日、德等传统汽车工业强国甚至将发展自动驾驶汽车提升为国家战略。为了抓住这一技术革新的机会,我国政府也提出了"中国制造2025"及"互联网＋"的发展计划,大力推动产业转型升级和结构优化调整。汽车产业作为国民经济的支柱产业,其自身规模大、带动效应强、国际化程度高、技术密集,必将成为新一轮科技革命以及中国制造业转型升级的重要产业。

高精度地图作为自动驾驶不可或缺的资源,随着自动驾驶的快速发展而受到国内外科研机构和各大公司的青睐。在国内,对于高精度地图采集平台与标准的研究集中在百度、高德和四维图新等公司以及武汉大学、清华大学和上海交通大学等高校。在国外,德国三大车企(宝马、戴姆勒、奥迪)收购Here公司共同构建高精度地图,并在美、法、德、日等多国进行高精度地图采集;美国谷歌公司从事无人车研发,进行了大量的高精度地图采集工作;丰田北美研究院则参考原有低精度地图的信息,将先验的低精度地图信息和传感器采集的高精度信息进行融合。下面简要介绍各地图供应商(简称图商)的高精度地图情况。

1. 百度

百度作为国内唯一拥有从采集设备到数据制作全流程自主技术研发能力的高精度地图供应商,其采集车包括全景和高精两类,其中全景采集车可满足高级驾驶辅助系统(Advanced Driving Assistant System,ADAS)级别(50cm)的采集需求,车顶搭载3台尼康D810单反相机,搭配鱼眼镜头,单台可达3638万像素,车上配备GPS和IMU(惯性测量单元);高精采集车在全景基础上增加了45°角倾斜的Velodyne激光雷达,利用激光雷达的激光点云数据采集车道线、地面喷漆、立面路牌和城市立交等信息,通过激光点云数据和图片数据融合可进行信息提取,精度可达厘米级。

2. 高德

高德地图采集车包括ADAS和高度自动驾驶(Highly Automated Driving,HAD)两类,其中ADAS采集车安装了6个CCD摄像头(5个圆形环绕＋1个单独),每个摄像头均为500万像素;HAD采集车车顶配置两个RIEGL三维激光雷达(一前一后倾斜安装)和4个摄像头(两前两后),相机主要负责采集标志牌等道路元素,激光雷达主要采集边缘线和车道线等道路信息。

3. 四维图新

四维图新采集车搭载了32线激光雷达、全景摄像头、GNSS及惯导等设备,并通过专有支架进行连接,以便于地图采集员方便快捷地将一辆普通车辆装配成具有地图采集能力的专业采集车。

4. TomTom

TomTom 是一家荷兰的地图厂商,积极参与研发自动驾驶相关技术。其中包括将 GPS 导航嵌入自动驾驶汽车。通过驾驶配备有一台 Velodyne 激光雷达、一台 360°全景相机、两台 SICK 雷达、兼容 GPS 和 GLONASS(俄罗斯的全球卫星导航系统)的高精度天线的福特翼虎,可以独自完成采集任务,实现高度属性化的道路表示,包括车道模型和交通标志等属性,精度可达厘米级。

5. Here

Here 地图从 2015 年开始致力于高精度地图数据采集,是世界上实现高精度地图覆盖里程最多的企业之一。Here 地图的采集车主要配备了 4 个广角 24 兆像素摄像头、旋转式激光雷达(扫描周围 300ft 范围内每个目标上的 700 000 个点,1ft=0.3048m)、INS 和 GPS,其中,激光雷达主要获取坡度、车道线和路标等路面信息,地图精度可达到厘米级。2017 年初,Here 与 MobilEye 建立技术合作关系,使得 Here 地图获得更多实时道路信息。

6. DMP

2016 年 9 月,日本的动态地图规划(Dynamic Map Planning,DMP)企业正式开发高精度地图,其地图测量汽车装备移动地图系统 MMS-G220,配置使用 2 台激光雷达、大量摄像机、GPS 和其他传感器,以 40km/h 的巡航速度测绘地图,并以 10cm 的绝对精度捕捉 7m 以外的物体,每秒能收集 100 万个数据点。

7. 谷歌 Waymo

谷歌作为自动驾驶行业的领军企业之一,利用无人车搭载的 360°高速转动的 Velodyne 激光雷达绘制高精度地图,其中包括车道线、路面基础设施、交通信号灯等信息,并上传至谷歌数据库,精度在 10cm 以内。同时,谷歌街景地图采集时结合摄像机和激光雷达,最新汽车已配备 15 个镜头和 Velodyne 激光雷达,利用这部分图像信息,有望进一步提高地图精度和简化数据处理过程。

8. MobilEye

MobilEye 号称能为全球 25 家知名车厂合作商提供更安全的技术解决方案,有 2500 万辆汽车在使用它们的技术,13 家车厂正在使用 MobilEye 的技术攻关自动驾驶。相比于Here,MobilEye 更侧重于使用摄像头,利用视觉信息来进行辅助驾驶,在图像处理方面也做得很好,是一种基于众包的视觉制图模式。MobilEye 把采集、发送云端、处理、传回车端的过程称为"路书"(RoadBook)。

9. Uber

2016 年 2 月,Uber 正式布局自动驾驶汽车业务,5 月,在匹兹堡公路上进行测试。测试车配备激光雷达和高清摄像头等传感器,也是以实现自动驾驶为主要目的,并非纯粹的采集车,但能在驾驶过程中收集地图和位置数据。

10. 苹果

苹果于 2012 年推出苹果地图和街景地图,其最新一代街景车已升级到搭载 15 个 500 万像素的 CMOS 摄像头。苹果与谷歌类似,其地图数据采集方案也应用了大量的摄像头,同时采用一前一后两个激光雷达倾斜安装的方式,可完整地获取车道线等道路信息。

2.2 高精度地图关键技术

高精度地图的生产过程中,涉及的关键技术主要集中在图像识别与处理、激光点云处理以及同步定位与地图构建等,这些都是当前各领域的学者专家研究的焦点。同时,基于OTA技术的地图数据更新和传感器数据回传等云端服务体系则是高精度地图实时更新的重要保障。

2.2.1 道路元素图像处理

为了给自动驾驶汽车提供道路的拓扑信息和交通约束信息,满足自动驾驶汽车对环境感知的需求,高精度地图的制作需要运用图像处理技术将道路上的各种道路元素进行识别,并以此进行语义标注,如车道线检测、众包图像数据采集等[10-11]。通常,道路元素包括如交通标志牌、红绿灯、车道线和隔离带等。在进行识别之前,由于光线、雨水、车速等环境影响,可能引入噪声或使图像失真,因此,首先需要对图像进行降噪和增强等提高图像质量的预处理。然后,利用这些道路元素的颜色、位置和大小等先验知识提取其特征,再基于这些特征进行识别并进行分类,完成语义的标注。为了让读者能够尽快熟悉道路元素图像处理这一方面内容,下面简单介绍图像处理的流程以及自动驾驶中常用的图像识别算法。常用的图像处理流程如图 2-5 所示。

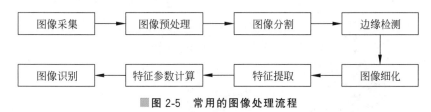

图 2-5　常用的图像处理流程

（1）图像采集：通过摄像机等工具采集真实道路环境下的图像,形成数据集。

（2）图像预处理：对数据集中的图像进行扩充,同时对图像进行标注工作,便于后期进行深度学习训练模型使用。

（3）图像分割：将图像分成若干个特定的、具有独特性质的区域并提出感兴趣目标的过程。

（4）边缘检测：找出图像中亮度变化剧烈的像素点构成的集合。

（5）图像细化：将图像的线条从多像素宽度减少到单位像素宽度的过程。通过减少图像的像素数来达到压缩图像的目的。

（6）特征提取：将数据集中的每一幅图像输入到深度学习模型中,在特定的卷积层中提取图像的深度学习特征,便于图像识别工作。

（7）特征参数计算：参数计算对卷积神经网络（Convolutional Neural Network,CNN）至关重要,不同的步长、填充方式、卷积核大小、池化层策略等都决定最终输出模型与参数、计算复杂度等。

（8）图像识别：将任意一幅待识别的图像输入到深度学习训练模型中,提取样本的深度学习特征并对图像进行识别,判断该图像中的物体属于哪个类别并显示识别物体的准确率。

高精度地图的生产过程,对道路元素的识别要求有很高的执行效率,同时又要求保证识别的准确率。因此为做到二者兼顾,目前主流的方式会采用基于深度学习的图像识别算法进行车道线、地面标志线和交通标牌的识别工作,下面将对几种常见的算法进行介绍。

1. Fast R-CNN

Fast R-CNN 在特征提取阶段,提出了感兴趣区域(Regions Of Interest,ROI)的网络层,将卷积特征采样到统一维度再进行分类回归。在分类回归阶段,首先生成候选框,通过卷积神经网络提取图像特征,之后用支持向量机(Support Vector Machine,SVM)对目标进行分类,最后做边框回归(Bounding Box Regression)得到待检测目标的具体位置。

2. Faster-RCNN

Faster-RCNN 是一个端到端的深度学习检测算法。Faster-RCNN 最大的创新点在于设计了候选区域生成网络(Region Proposal Network,RPN),并在其中设计了"多参考窗口"的机制,对选择性搜索或边框等外部目标,建议将检测算法融合到同一个深度网络中实现;同时 Faster-RCNN 将候选区域生成、特征提取、候选目标确认和包围框坐标回归均统一到同一个网络框架之中,使得综合性能有较大的提高。

3. R-FCN

相较于 Fast R-CNN,R-FCN 引入 ROI Pooling 层以便于同时处理不同大小的 ROI,并将每一个 ROI 的卷积特征采样到统一维度,再通过两个全连接层实现分类和回归的方式。R-FCN 用卷积层替代 Fast R-CNN 中的全连接层,使得 ROI 能够共享卷积计算,其计算速度较 Fast R-CNN 有了大大提高。这是因为在 Fast R-CNN 中,各 ROI 之间的全连接层不共享卷积计算,每个 ROI 都需要经全连接计算一次,而在一个卷积网络中,全连接层的参数数目占到整个网络参数数目的 $80\% \sim 90\%$。因此,当 Fast R-CNN 输入的 ROI 数目较多时,计算量非常大,耗时较长,而 R-FCN 则可通过共享卷积计算,减少计算量。

4. OHEM

OHEM 是由 RBG 提出的在线难例挖掘(Online Hard Example Mining,OHEM)算法,它可筛选出训练小样本集(Mini-Batch)时产生的有较大损失值的 ROI 作为下一次训练的样本,并去除重合率比较大的 ROI 来改善训练的网络参数,提升模型的性能,是基于 Fast R-CNN 算法进行的改进。

5. Mask R-CNN

Mask R-CNN 使用了与 Fast R-CNN 相同的两个计算步骤:第一步称为区域建议网络(Region Proposal Network,RPN),这一步骤的目的是提取目标对象的候选框;第二步本质上就是 Fast R-CNN,它使用来自候选框架中的 ROI Pooling 层来提取特征并进行分类和边界框回归。同时,Mask R-CNN 为每个 ROI 生成二元掩码,相比 Fast R-CNN 做了更进一步的优化,因此,有更好的分割效果。

6. SqueezeNet

SqueezeNet 的设计目标不是为了得到最佳的卷积神经网络识别精度,而是简化网络复杂度的同时保证识别精度。所以 SqueezeNet 主要是为了降低 CNN 模型参数数量而设计的。

7. Yolov3

Yolov3 采取深度残差网络作为其基础网络的构建模块。深度残差网络能更好地进行深层次的特征提取,而更深层次的特征有利于提高图像识别的准确率;同时,其采取多尺度特征图进行预测,使得每一张特征图上均采用 3 个候选框,而用在每一个特征图上的候选框的大小都是不一样的,这对于检测不同尺寸的目标的适应能力更强。

2.2.2　激光点云处理

激光点云由于其精度高、数据特征描述准确等特点,其处理技术广泛地应用于文物古迹保护、建筑、规划、土木工程、军事分析以及自动驾驶等重要领域中。在自动驾驶使用的高精度地图的制作中,激光点云处理的通常做法是:利用激光雷达扫描获取激光点云数据,重建三维的道路环境,并利用重建好的三维环境进行道路要素特征的提取与识别,准确地反映道路环境并描述其道路环境特征,得到高精度点云地图。同时,其处理后的激光点云数据能够与图像数据进行映射或融合处理,得到信息更加丰富的彩色激光点云地图,为人工检测与修订提供充分的数据基础。目前,各高精度地图制作厂商都有其独特的制作方法及其流程,行业内部并未形成统一的技术标准。为了让读者能够尽快地了解并熟悉高精度地图制作技术中激光点云处理这一部分内容,本节选取一些常用的激光点云处理算法进行介绍。

1. 激光点云特征提取

激光雷达获取的原始数据集以激光点云文件形式进行存储。通常,激光点云文件中只包含物体表面的离散点集、法向量、颜色或标签等基本信息,但缺少物体的曲面、体积以及各顶点间的几何拓扑等信息。此外,采集得到的点集数据通常包含噪声,具有散乱、重复及量大等特点。因此,为了更好地描述道路环境的几何特征,需要对点集进行特征提取。提取得到的点特征所表示的特征向量应具有平移旋转不变性、抗密度干扰性以及抗噪声稳定性等特点。其中,抗密度干扰性表示一个局部表面小块的采样密度的变化不会影响特征向量值;抗噪声稳定性表示在数据中有轻微噪声的条件下,点特征表示的特征向量不会发生较大的变化。

通常,激光点云的特征按照空间尺度分为局部特征以及全局特征两种类型[12]。局部特征一般包括法线、点特征直方图(Point Feature Histogram,PFH)、快速点特征直方图(Fast Point Feature Histogram,FPFH)、方位直方图特征(Signature of Histogram of Orientation,SHOT)和 3D 形状描述子等几何形状特征描述。全局特征则一般为拓扑特征描述,这类特征描述一般难以捕捉细节的细微变化且对物体遮挡敏感。

2. 激光点云法向量

三维扫描获取的初始采样点集只记录了各采样点的空间三维坐标,而坐标之间不存在任何联系且缺少特征描述。在激光点云处理的技术中,法向量(见图 2-6)作为激光点云数据重要的局部特征,能够对散乱激光点云的局部进行有效的描述并为其他激光点云处理技术提供支撑。例如,SHOT 以及旋转图(Spin Image)等许多特征描述子都需要利用激光点云法向量进行计算提取。此外,激光点云的众多分割、聚类、重建等算法中都需要用到激光点云的法向量作为基础进行计算。

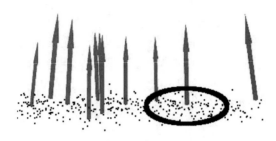

■ 图 2-6　激光点云法向量[13]

　　激光点云法向量的计算方法有很多,通常来说有两种解决方案:其一,使用曲面重建技术,从获取的激光点云数据集中得到采样点对应的曲面,然后从曲面模型中计算表面法向量;其二,直接对激光点云数据集进行法向量估计。例如,为了求某点在三维空间中的法向量,需在该点周围搜索出近邻点集,利用此点集拟合一个曲面并计算此曲面的法向量。由于曲面的拟合计算复杂度较大,在激光点云密集且近邻点集区域大小合适的情况下,更常用平面拟合代替曲面拟合。

3. 激光点云配准

　　高精度地图的制作需从采集并处理后的道路环境激光点云中提取如标志牌、交通灯以及防护栏等多种道路元素的坐标与正确的几何参数。事实上,在激光点云数据的采集过程中,由于采集角度有限,可能需要从道路的多个方向进行多次采集,以保证采集数据的可靠性和完整性。此外,由于在采集汽车的运动过程中,采集到的激光点云数据会包含误差,进而不能准确地描述道路三维环境。因此,需要利用激光点云配准技术将从各个视角下采集到的含有误差的激光点云通过旋转平移,消除误差并统一到同一坐标系下,还原道路的三维环境。

　　激光点云配准算法繁多,主要分为粗配准以及精配准两种。粗配准适用于在两片激光点云初始位置误差较大的情况下快速取得两片激光点云的转换关系,输出精度不高。常见的粗配准算法包括利用点特征直方图和快速点特征直方图的局部特征描述法、采样一致性初始配准算法(Sample Consensus-Initial Alignment,SAC-IA)以及正态分布转换(Normal Distribution Transform,NDT)等。而精配准适用于在初始位置误差较小的情况下对两片激光点云的坐标进行精准的计算,生成用于配准的旋转矩阵和平移向量,消除不同坐标下的激光点云误差。精配准算法中,应用最为广泛的是迭代最近点(Iterative Closest Point,ICP)算法[14]。接下来将对 ICP 算法的原理进行简单的介绍。该算法的运行结果示例如图 2-7 所示。

　　图 2-7 中,目标激光点云(目标点云)为需要配准的对象,源激光点云(源点云)为参考对象。二者为同一个物体的三维激光点云描述,但因二者坐标位置不一致,出现重影。算法运行的初始阶段,二者的坐标位置相差较大,随着算法的迭代次数增加,二者的坐标误差越来

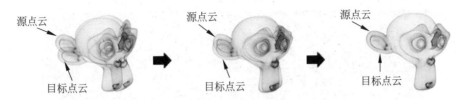

■图 2-7 ICP算法运行结果示例[15]

越小，重合度越来越高，最终二者完全重合，实现配准。为了完成上述配准过程，设两个待配准激光点云数据集 $S=\{s_i|i=1,2,3,\cdots,m\}$ 和 $D=\{d_j|j=1,2,3,\cdots,n\}$，其中 S 表示源激光点云数据集，D 表示目标激光点云数据集，m 和 n 分别表示各激光点云数据集的大小，$m=n$。根据 ICP 算法，首先在 D 中取一点 d_j，在 S 中，寻找一个与 d_j 欧氏距离最近的点 s_i，认为二者为一个最近点对。然后遍历 D 中的点，即可得到一个由 s_i 组成的最近点集，记为 $Y=\{y_k|k=1,2,3,\cdots,n\}$，$k$ 表示点对数量。接着计算 S 与 D 两个点集的质心，并利用质心与两个点集计算出二者之间的一个旋转平移矩阵，也就是一个空间变换关系。通过这一变化关系，可以得到旋转后目标激光点云数据集 D 与最近点集 Y 之间距离的最小均方差：

$$F(\boldsymbol{R},\boldsymbol{T})=\frac{1}{n}\sum_{j=0}^{n-1}\parallel y_j-(\boldsymbol{R}d_j+\boldsymbol{T})\parallel^2 \tag{2-1}$$

式(2-1)中，$\boldsymbol{R}$ 表示旋转矩阵，$\boldsymbol{T}$ 表示位移向量。当前后两次迭代的 F 之差的绝对值满足阈值条件时，则停止迭代，完成配准。否则，将目标激光点云进行变换后作为下次迭代的目标激光点云，重新开始计算。由于 ICP 算法迭代的次数多，相对耗时，且对两片激光点云初始值和阈值有一定要求，因此算法本身并不完美。

4. 激光点云分割

在高精度地图制作中，为了能够将灯杆、标志牌和路沿等交通道路元素从大量杂乱无序的激光点云中识别出来，通常需要根据激光点云表现出的几何形状、特征等方面进行有效分割，提取物体的激光点云，接下来，利用算法进行分类和识别，并对道路元素添加其语义信息。例如，对道路中灯杆和标志牌的激光点云进行分割，分割前与分割后如图 2-8 和图 2-9 所示。

■图 2-8 分割前完整的激光点云

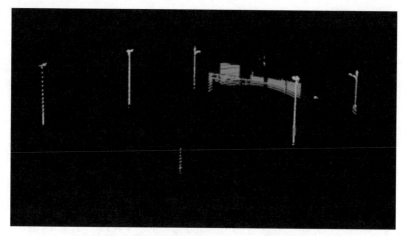

■图 2-9　分割后仅有灯杆与标志牌的激光点云

激光点云分割算法种类繁多,如随机采样一致(Random Sample Consensus,RANSAC)、最小分割、区域增长等常见分割算法,还有如 3DMV[16]、PointNet[17] 及其改进版 PointNet＋＋[18] 等基于深度学习网络的语义分割与识别算法。

2.2.3　同步定位与地图构建

在 GNSS 信号薄弱或丢失的情况下,无法使用常规手段进行高精度地图的构建以及自动驾驶汽车的定位。作为不依赖 GNSS 信号的技术,同步定位与地图构建(Simultaneous Localization And Mapping,SLAM)可在这些特殊场景下辅助开展工作。SLAM 最早应用在机器人领域,指机器人从未知环境的未知地点出发,在运动过程中通过观测到的环境特征定位自身位置和姿态,再根据自身位置构建周围环境的地图,从而达到同时定位和地图构建的目的。简单理解,SLAM 主要解决两个问题:"我在哪里"和"我周围是什么"。第一个问题对应自身定位问题,第二个问题对应了解周围环境即地图构建问题。

在进行定位和建图时,SLAM 主要借助传感器来获取原始数据,其使用的传感器发展至今,种类和检测范围在不断地扩大,从最开始的声呐传感器,到后来的激光雷达,再到单目、双目、RGB-D 和 TOF 等摄像头,以及后期加入的 IMU 等传感器。SLAM 通过处理这些来自传感器的数据,一边进行自我定位,一边实现环境地图的构建。其处理的算法也从基于滤波器的方法发展到基于优化的方法,技术框架也从单线程向多线程变化。在现有发展情况下,SLAM 有两种实现形式:一种是以激光雷达为主的激光 SLAM;另一种是以摄像头为主的视觉 SLAM。

激光 SLAM 主要通过激光雷达获取自动驾驶汽车周围环境的激光点云数据,激光雷达能以很高的精度测量出汽车周围物体的角度和距离,从而很方便地实现 SLAM 及避障等功能。视觉 SLAM 主要通过摄像头采集的数据进行同步定位与地图构建。视觉传感器采集的图像信息要比激光雷达得到的信息丰富,所以更加利于后期的处理。视觉 SLAM 中又主要有两种实现路径:一种是基于深度摄像头,如 Kinect;另一种是基于单目、双目或者鱼眼摄像头。

激光 SLAM 以及基于深度摄像头的 VSLAM 通过收集到的激光点云数据,能直接计算障碍物距离；基于单目、双目、鱼眼摄像头的 VSLAM，利用多帧图像来估计自身的位姿变化，再通过累计位姿变化来计算物体的距离，并进行定位与地图构建。

1. SLAM 的经典框架

整个 SLAM 系统要实际解决的问题只有一个，即如何通过传感器数据来估计自身状态（状态即位姿）。状态估计可视为一个数学建模过程，即如何通过带有噪声的测量数据，估计其自身状态，即

$$x_k = f(x_{k-1}) + u_{k-1} \tag{2-2}$$
$$y_k = h(x_k) + v_k \tag{2-3}$$

其中，式(2-2)为运动方程，表示在 k 时刻，机器人的位姿 x_k 由 $k-1$ 时刻的位姿 $f(x_{k-1})$ 决定。由于实际物理环境总会引入误差，所以添加一个噪声量 u_{k-1} 对状态变化形成一定约束。式(2-3)为观测方程，表示 k 时刻的传感器观测值 y_k 由当前时刻机器人的位姿 $h(x_k)$ 决定。同理，因为物理环境的影响，会带入一定的观测误差，即 v_k。运动方程描述了状态 x_{k-1} 是如何变化到 x_k 的，观测方程则描述了怎么从 x_k 得到观测数据 y_k。

无论是激光 SLAM，还是视觉 SLAM，都存在着一个经典框架。SLAM 流程图如图 2-10 所示。

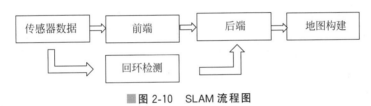

■ **图 2-10 SLAM 流程图**

以下介绍各模块的功能。

1) 传感器数据

传感器数据在视觉 SLAM 中主要为相机图像信息的读取和预处理，而在激光 SLAM 中则主要为激光点云数据的读取与预处理。

2) 前端

视觉 SLAM 中，前端相当于视觉里程计（Visual Odometer，VO），主要研究帧与帧之间的变换关系。首先提取每帧图像特征点，利用相邻帧图像进行特征点粗配准，然后利用算法去除错误匹配，进一步进行精配准得到一个位姿信息，同时可以将其与 IMU 提供的姿态信息进行融合。视觉里程计每次估计两帧图像之间的运动时会出现误差，这个误差将不断累积导致漂移现象。漂移现象可以通过回环检测和后端优化来解决。

对于激光 SLAM，前端扫描匹配是其核心步骤，工作内容是已知前一帧位姿并利用相邻帧之间的关系估计当前帧的位姿。当前激光 SLAM 中主流的前端扫描匹配算法主要有迭代最邻近点算法及其变种、相关性扫描匹配（Correlative Scan Matching，CSM）算法、正态分布变换算法、基于特征的匹配（Feature-Based Matching，FBM）算法等。

3) 后端

后端则主要是对前端输出结果进行优化，利用滤波理论或者优化理论进行树或者图的优化，最终得到最优的位姿估计。其主要方法有基于贝叶斯滤波器的卡尔曼滤波、扩展卡尔曼滤波和粒子滤波等滤波理论方法，以及基于图优化的光流法、密集跟踪与映射（Dense

Tracking And Mapping，DTAM)、大范围单目(Large-Scale Direct Monocular SLAM，LSD-SLAM)法和半直接(Semi-Direct Monocular Visual Odometry，SVO)法等优化理论方法。

4）回环检测

回环检测主要解决位置估计随时间漂移的问题，这要求机器人或者任何使用 SLAM 技术的设备具备识别出曾经到过的场景的能力，主要通过判断图像间的相似性来完成回环检测。如果检测成功，则把检测结果传给后端，后端根据这些信息重新调整行进轨迹和已构建的地图。回环检测效果图如图 2-11 所示。

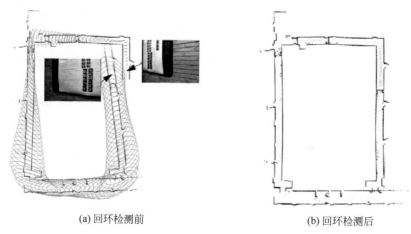

(a) 回环检测前　　　　　　　　　　　(b) 回环检测后

■图 2-11　回环检测效果图

5）地图构建

SLAM 系统框架里前端、后端和回环检测已经联合完成了建图工作，最后一步的地图构建从某种意义上来说是作为地图的输出窗口，是对环境的描述或重建，但这种描述或重建的方式视具体场景和应用而定。地图输出形式大体可以分为度量地图和拓扑地图两种。度量地图强调精确地表示地图中物体的位置关系，根据点云数据量主要分为稀疏地图和稠密地图。稀疏地图会有选择性地忽略一部分信息，将所有物体进行一定程度的抽象，从而只保留部分具有代表意义的东西。相对地，稠密地图更偏向于保留所有信息，将所有看到的东西进行建模。因此使用稀疏地图能满足自动驾驶汽车的定位，但要进行导航就需要稠密地图。稠密地图通常按照某种分辨率，由许多小块组成。对于 2D 的度量地图是由小格子(Grid)组成，3D 的度量地图则是由小方块(Voxel)组成。每个栅格通过占据、空闲和未知 3 种状态来表达该栅格内是否有物体。相对于度量地图，拓扑地图更强调地图内物体之间的相对关系，去掉了细节问题。目前应用拓扑地图来完成导航和路径规划还有待发展。

2．SLAM 方案对比

在应用上，激光 SLAM 和视觉 SLAM 各有其优势。下面将两种 SLAM 方案进行对比总结。

1）成本

激光雷达一般成本较高，几万元到几十万元不等。相比而言，视觉 SLAM 所使用的摄像头成本要低很多，甚至低至几十元。

2）应用场景

激光 SLAM 目前主要应用在室内及范围较小的环境。视觉 SLAM 的应用场景比激光 SLAM 要广泛，也更能适应室外环境，但是对光的依赖性较强，在光线暗或者无纹理区域无法工作。

3）地图精度

激光 SLAM 构建的地图精度较高，能达到厘米级，能直接用于定位导航。视觉 SLAM 构建的地图精度则较低。

4）易用性

激光 SLAM 和基于深度摄像头的视觉 SLAM 是通过直接获取环境中的点云数据，根据生成的点云数据估计障碍物及其距离等信息。基于单、双目摄像头的视觉 SLAM 不直接获取点云数据，而是通过摄像头获取灰色或彩色图像，完成特征点的提取与匹配等工作，然后利用各种测距方法得到障碍物的位置信息。

2.2.4　高精度地图云端服务体系

1. 高精度地图 OTA 服务

空中下载技术（Over The Air Technology，OTA）是通过移动通信（GSM、CDMA 等）网络空中接口对数据及应用进行远程管理的技术。目前，OTA 最常用的功能是手机获取推送信息升级系统，这样手机系统更新就可以通过无线下载方式来进行，就像 PC 通过互联网下载软件更新一样便捷，短时间内就可完成所有升级工作，无须备份数据也可完好无损地保留所有数据，其基本流程可分成生成更新包、传输更新包和安装更新包三个阶段。

对于汽车业来说，OTA 分为两类：一类是固件在线升级（Firmware Over The Air，FOTA），指的是通过空中接口给电子控制单元（Electronic Control Unit，ECU）等车载设备下载完整的固件镜像，或修补现有固件、更新闪存；另一类是软件在线升级（Software Over The Air，SOTA），指的是应用程序和地图数据等的更新。得益于 OTA 远程升级技术，高精度地图数据能定期实现云端更新，以适应高速公路快速扩张等道路多变性。

2. 传感器数据回传及更新技术

基于 OTA 衍生出的传感器数据回传与更新技术可将终端采集的数据（包括车端状态、道路、路面标志等）回传到云端，在云端进行数据预处理、数据规格化、数据生产和数据发布。通过该技术，地图的更新过程形成云端到终端的数据闭环，提升了高精度地图的准度和鲜度。

传感器数据回传的内容包括 APP 运行数据、汽车状态数据、车身传感器数据以及地图采集数据四大类。具体而言，APP 运行数据是指 APP 的运行日志、崩溃日志、API 调用等信息；汽车状态数据是指汽车的定位数据、速度、航向和数据置信度等信息；车身传感器数据是指通过传感器获取的雨刷速度、电量、胎压和车内温度等数据；地图采集数据是指传感器结合高精度地图所采集到的图像、视频以及识别出的结构化数据等。

传感器数据回传的策略包括主动上传和任务上传两种。具体而言，主动上传是指当 APP 的状态、汽车行驶状态、道路状态发生变化时主动上传数据；任务上传是指满足任务要求，如当汽车到达指定区域时、当前状态与定义状态相同时上传数据。

传感器数据回传协议包括传输协议、数据协议和缓存策略协议。具体而言,传输协议采用 HTTP 和 MQTT 协议;数据协议采用 SensorIS 和 SFCD 协议;缓存策略协议是指上传流量限制机制、网络异常检测机制、数据量过小检测机制等。

2.3　高精度地图解决方案

高精度地图解决方案分为“外业”部分的外业数据采集和“内业”部分的高精度地图制作与发布。其中,数据处理和对象检测两个流程是高精度地图制作部分的必要环节,但目前的 AI 技术无法自动化地解决所有问题,仍需人工补齐信息和关联逻辑[19]。本节将高精度地图生成过程分为采集、制作与编译、质量控制与发布三个步骤进行介绍。

2.3.1　高精度地图采集

高精度地图的采集是一项庞大的任务,需投入大量的采集车负责收集用于高精度地图制作的源数据[20],而且道路环境在不断变化,为了让高精度地图始终保持鲜度,需确保每次道路发生改变时,高精度地图均会得到快速更新以保证自动驾驶汽车的安全性,因此,高精度地图的数据采集尤为重要。高精度地图采集流程如图 2-12 所示。

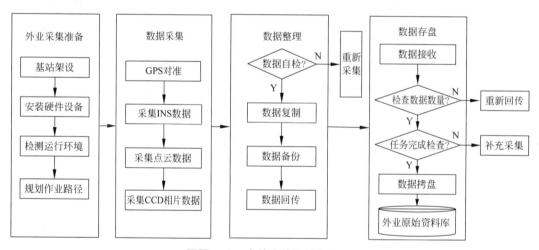

■图 2-12　高精度地图采集流程

采集车是数据采集的核心载体,其搭载全球导航卫星系统、惯性导航系统(Inertial Navigation System,INS)、激光雷达、摄像头等系统及传感器设备。外业采集的数据包括行车轨迹、图像、激光点云等数据,拥有车道线、路沿、护栏、路灯、交通标志牌等信息。在采集过程中,采集员需实时监控采集情况,不断确认采集设备是否工作正常,并且需要根据天气和环境情况来选择不同的摄像头参数。采集的数据经过数据自检、复制、备份后,进行回传,待数据入库检查无误后,保存至外业原始资料库。若数据自检和入库检查的过程中发现数据有问题,需进行补充采集。

1. 高精度地图采集设备

目前高精度地图主流的采集设备是激光雷达、摄像头、IMU、GNSS 和轮测距仪的组合[21]。其中,激光雷达和摄像头用于获取采集车周围环境数据,IMU、GNSS 和轮测距仪用于获取采集车的绝对位置。

(1) 激光雷达(LiDAR)。激光雷达首先通过向目标物体发射一束激光,根据发射到接收的时间间隔来确定目标物体的实际距离。在测量过程中激光雷达要产生汽车周围的环境激光点云,这一过程要通过采样完成。一种典型的采样方式是在单个发射器和接收器上在短时间内发射较多的激光脉冲,如在 1s 内发射万级到十万级的激光脉冲。脉冲发射后,接触到需要被检测的物体并反射回接收器上,每次发射和接收都可以获得一个点的具体坐标。当发射和接收这一行为进行得足够多时,便可以形成环境激光点云,从而将汽车周围的环境量化。接下来,根据距离及激光发射的角度,通过简单的几何变化可以推导出物体的位置信息[22]。LiDAR 系统一般分为三个部分:一是激光发射器,发出波长为 $600\sim1000$nm 的激光射线;二是扫描与光学部件,主要用于收集激光反射点,获取该反射点发射到接收的时间差和水平角度信息;三是感光部件,主要检测返回光的强度,因此检测到的每一个点都包括了空间坐标信息以及光强度信息。

(2) 摄像头(Camera)。车载摄像头是高精度地图信息采集的关键设备,以图像的形式捕捉汽车周围环境信息。通过对这些图像进行处理以提取道路关键信息,进而完成地图的初步绘制。

(3) IMU(惯性测量单元)。一般使用 6 轴运动处理组件,包含了 3 轴加速度计和 3 轴陀螺仪。加速度计是力传感器,可根据各方向受力(包括重力)情况来计算每个轴上的加速度。陀螺仪是角速度检测仪,可根据每个轴上的角加速度得到各轴上的角度变化。在对加速度进行两次积分得到运动距离的过程中,容易产生累计误差,所以单靠陀螺仪并不能精准地预测采集车的位置。

(4) GNSS。GNSS 接收机由储存的星历确定每颗卫星在各个时刻的位置,再结合由接收机与卫星之间的信号传输时间计算得到的二者之间的距离,即可根据三球定位原理推算出接收机的位置。由于复杂的动态环境(尤其是城市环境)中存在各种高大建筑物的遮挡,GNSS 多径反射的问题严重,这样得到的 GNSS 定位信息很容易就有几米甚至十几米的误差,所以单靠 GNSS 无法制作高精度地图。

高精度地图采集车的装配较为复杂,根据不同图商的使用需求,所采用的配置方案可能不同。为了获得更高精度的地图数据,通常使用多种传感器的组合来进行静态交通环境数据的采集。如通过图像信息和激光点云数据结合的方式,能在确保获得大量可靠数据的同时,简化数据处理过程,提高处理效率;GNSS/IMU 组合定位的方式可以提高采集车的定位精度。

2. 数据模型

高精度地图要素的数据模型主要分为四大类,分别是道路模型(Road Model)、车道模型(Lane Model)、道路标记模型(Road Mark)、基本对象模型(Object)。这四大类模型覆盖了地面道路信息、行驶车道信息、沿路标志信息等整个自动驾驶地图的基础先验数据库。高精度地图要素的数据模型如表 2-1 所示。

表 2-1　高精度地图要素的数据模型

主　题	要　素	英　文　说　明
道路模型	道路中心线	Road Centerline Geometry
	道路拓扑	Road Topology
	隧道	Tunnel
	收费站	Toll Station
	曲率	Curvature
	坡度	Slope
车道模型	车道边界线	Lane Marking
	车道数	Lane Number
	车道宽度	Lane Width
	车道类型	Lane Type
	车道线颜色	Lane Marking Color
	车道线线型	Lane Marking Style
	车道线材质	Lane Marking Material
	车道线宽度	Lane Marking Width
	车道在建信息	Lane Construction State
	道路连接	Junction
	车道拓扑	Lane Topology
	护栏	Barrier
	路沿	Curb
道路标记模型	地面限速	Speed Limit
	箭头	Arrow
	文字	Words
	导流区	Diversion Zone
基本对象模型	限速	Speed Limit
	禁止超车	Overtaking Prohibited
	线型诱导	Delineator
	其他标牌	Other Signs
	杆	Pole
	龙门架	Gantry
	跨线桥	Overpass

1) 道路模型

(1) 道路几何形状是指数据制作时,形状点连接成的道路的几何形状。通过形状点描述道路的几何形状时,形状点以坐标形式进行描述,如道路中心线与道路拓扑等。

(2) 曲率表示道路的弯曲程度,弯曲程度越大曲率值越大,弯曲程度越小曲率值越小。计算时,采取曲线拟合的方法,得到各个形状点所在的曲率半径的倒数,根据道路的几何形状,进行曲线拟合后计算出离散点的曲率值。

(3) 坡度指道路纵向的起伏程度,道路起伏程度越大则坡度值越大,道路起伏程度越小则坡度值越小。计算时,对形状点高程差与水平距离取反正切计算得到坡度。坡度计算方法如图 2-13 所示。

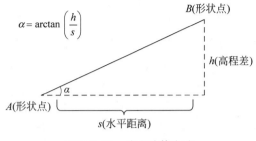

■ 图 2-13　坡度计算方法

2）车道模型

（1）车道类型指地面道路上该车道的类型,主要包括普通车道、入口车道、出口车道、进入匝道、退出匝道、应急车道、连接匝道等。车道类型会赋值在该车道上。

（2）普通车道指无特殊属性的车道,一般为主行车道。普通车道普遍指高速中的主路,按照实际的车道形态进行制作表达,并在右侧车道线上赋值主路属性。

3）道路标记模型

道路标记模型主要指车道线的样式,包括无属性、单实线、长虚线、双实线、左实右虚线、右实左虚线、双虚线、路沿线、护栏线。道路标线会赋值在对应的车道线上。

4）基本对象模型

高精度地图中对象的类型包括杆、牌、龙门架、地面标线等。其中杆类型中包括灯杆、基站杆、摄像头杆、交通标志牌依附的杆等。而地面标线可细分为多个子类型,如地面箭头、地面文字、导流区、地面限速等。

对象表达为一个能够容纳整个对象的包围盒,该包围盒按照对象的外切线将对象完全包围,一个对象对应一个包围盒,且包围盒属性与对象的属性对应。制作范围为道路两侧和上方,两侧制作范围一般为道路横向外 20m,仅制作隶属于道路的对象。

2.3.2　高精度地图制作与编译

采集车采集到符合要求的数据并回传保存后,首先进行数据处理,将各传感器数据进行融合以进行各种对象的识别及标注,针对其中的误差及错误进行人工检查并更正,之后编译成可供自动驾驶应用的符合格式规范的高精度地图。

1. 高精度地图数据处理

数据处理指的是对收集到的数据进行整理、分类和清洗以获得初始地图模版,其中不包含任何语义信息或注释[23],之后通过激光点云配准、激光点云识别和图像识别等 AI 技术,把不同传感器采集的数据进行融合,即把 GNSS、激光点云、图像等数据叠加在一起,进行道路标线、路沿、路牌、交通标志等道路元素的识别及分类[24]。对于在同一条道路上双向采集带来的重复数据,也会在这一环节进行自动整合和删除[25]。

传感器采集到的环境数据分为激光点云和图像两大类。一般在制图过程中处理的数据以激光点云为主,小部分以视觉为主。在城市道路中采用实时动态差分技术（Real Time Kinematic,RTK）方案获取位置信息,由于高楼遮挡或林荫路等场景对信号的稳定性的影响无法避免[26],因此,在采集到激光点云之后需要借助 SLAM 或其他方案,对位姿进行优化,才能将激光点云准确拼接,并形成一个完整的激光点云。拼接成高度精确的激光点云地图后,可对其进行识别、标注来绘制高精度地图[27]。

激光点云识别包括基于深度学习的元素识别和基于深度学习的激光点云分类。对基于激光点云压缩成的图像进行车道线的识别,可得出准确的车道线级别的道路形状特征[28-29]。除此之外,还需提炼道路的虚实线、黄白线、交通标志等,以完善道路特征。通过对收集到的图像等进行深度学习,可提炼出道路相关元素融入高精度地图中[30]。

由于自动识别存在误差及错误,需增加人工验证环节以确保地图自动创建过程正确进行。人工验证环节属于内业操作,目的是进一步确认和完善数据。

首先,由于自动化处理不可能做到百分之百的准确,需要人工确认数据。将系统自动处理之后的高精度地图数据与相应的图像信息做比对,寻找错误的地方并更正,例如系统可能把一个限速牌误识别为 60km/h,而实际是 80km/h,这时就需要人工进行验证。人工验证的环节还包括识别车道线是否正确、对信号灯及标志牌进行逻辑处理、路口虚拟道路逻辑线的生成等[31]。涉及如红绿灯与相应停止线的逻辑信息处理时,也需要人工手段关联。

其次,在高精度地图编辑、生产管理中,还需要为自动化处理的数据完善对应的属性信息。例如当遇到没有车道线的道路时,还需要离线并用人工手段完善车道类型、车道线类型、车道线颜色、车道通行状态等属性相关信息。

2. 高精度地图编译及格式规范

高精度地图生成的最后一步是进行数据编译,将上述步骤中编辑好的高精度地图数据编译成可供自动驾驶应用且符合格式规范的高精度地图。

高精度地图的格式规范定义了如何对采集到的地图进行完整的表述。对此,目前最主流的通用格式规范有导航数据标准(Navigation Data Standard,NDS)和 OpenDRIVE 两种[32]。此外还有日本数字地图协会(JDRMA)制定的 JDRMA 标准、日本 KIWI-W Consortium 制定的 KIWI 格式标准、欧洲电子地图(DEMETER)计划发布的 GDF (Geographic Data File)、美国 Etak 公司提出的 Etak 标准、美国导航技术公司(Navigation Technologies Inc.)制定的 NavTech 标准和得到 NavTech 许可的 EGT 标准。此外,还有大量的其他类型的电子地图格式,有的是汽车定位导航系统生产者自己制定的,有的是一些小的地图生产商提供的,这些格式规范可以从各种来源和地图生产商处获得。限于篇幅,本节仅以 NDS 与 OpenDRIVE 两种格式为例讲解,需要了解其他格式规范的读者可参考相关公司官方网站。

1) NDS 格式规范

NDS 是一种非常全面的地图表述方式,是由汽车制造商和供应商联合发展创建的汽车级导航数据库标准格式。其重点是针对汽车在保持嵌入式设备稳定性能的同时实现高效存储,这使它与 GDF 或 OpenDRIVE 等用于数据交换或模拟的格式有所区别。

NDS 规定从路边到路中间的每个行车方向都有单独的车道编号。因此,右边的交通车道按行驶方向从右向左编号,左边的车道按行驶方向从左到右编号,编号都从 0 开始。来自 NDS 官方文档的示例图 2-14 说明了当车道在特定的形状点开始或结束时,车道号是如何变化的。

为保证交叉口的车道连通性,编译器应将交叉口关联分配给在交叉口处开始或结束的所有基本链接。交叉口关联表明,来自交叉口链路的交通可以影响所有连通车道上的交通。

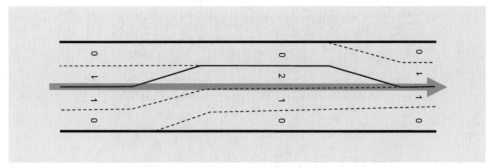

■图 2-14 车道编号[33]

图 2-15 展示了十字路口的相关车道组。如果两个关联的车道组共享相同的目标链路,则两个车道组应具有相同的终端位置。在本例中,车道组 2 和车道组 4 应在共享目标链接的相同位置结束。

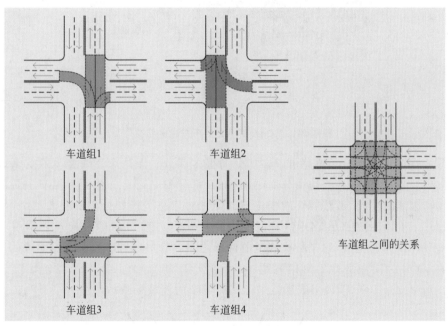

车道组1 车道组2 车道组之间的关系

车道组3 车道组4

■图 2-15　十字路口车道群[33]

　　NDS 对地图的格式规范做得非常到位,其有上百页格式文档,因此 NDS 把数据库做了细分,每个细分后的产品都能够独立更新升级。最典型的表现是 NDS 不仅包括基本导航技术数据、POI 数据(即地图上的一个点,地图上每一个商家、店铺都可以被称为一个 POI 数据点),还支持局部更新,即使是对一个国家或者省市的相关内容进行局部更新,都十分便捷。为了方便用户,NDS 还提供语音、经纬度等描述功能。

　　2) OpenDRIVE 格式规范

　　OpenDRIVE 是目前国际上较通用的一种格式规范。在运用 OpenDRIVE 格式规范表述道路时,会涉及段(Section)、车道(Lane)、交叉点(Junction)、轨迹(Tracking)四个概念。图 2-16 为 OpenDRIVE 格式规范中关于车道的定义。

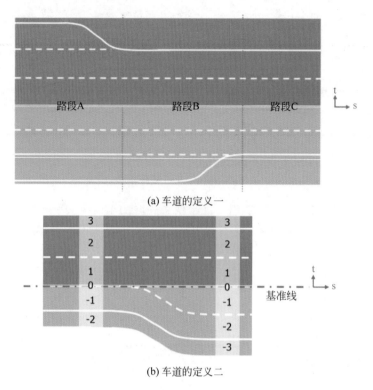

(a) 车道的定义一

(b) 车道的定义二

■图 2-16　OpenDRIVE 关于车道的定义[34]

如图 2-16(a)所示,一条道路可以被切分为很多部分。无论车道线变少或变多,都是从中间的灰线切分,切分之后的地图分为 A 部分、B 部分和 C 部分。按照道路车道数量变化、道路实线和虚线的变化、道路属性的变化的原则来对道路进行切分。如图 2-16(b)所示,基准线(Reference Line)在 OpenDRIVE 规范中非常重要。基于基准线,向左表示 ID 向左递增,向右表示 ID 向右递减,它是格式规范的标准之一,同时也是固定的、不可更改的。例如,基准线的 ID 为 0,向左是 1、2、3,向右是 −1、−2、−3。

图 2-17 为 OpenDRIVE 格式规范中定义的复杂的连接场景示例。

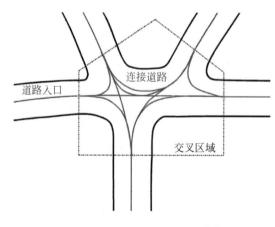

■图 2-17　复杂的连接场景[34]

交叉点(Junction)是 OpenDRIVE 格式规范中用来表示路口的概念。交叉点中包含虚拟路,虚拟路用来连接可通行方向,用红色虚线来表示。在一张地图中,在遇到对路口的表述时,虽然说路口没有线,但要用虚拟线来连接道路的可通行方向,以便自动驾驶汽车明确行进路线。简单来说,道路入口(Incoming Road)需通过虚拟线连接道路(Connecting Road)才能与道路出口(Out Going)相连。以上三个概念在 OpenDRIVE 格式规范中,是基于基准线条件下的应用和基于基准线和偏移量条件下的应用,其中十分重要的一个概念叫作轨迹(Tracking)。轨迹的坐标系是 ST,S 代表车道基准线起点的偏移量,T 代表基于基准线的横向偏移量。前者是纵向的,后者是横向的。此外,还有一些概念,如航向角(Yaw)、俯仰角(Pitch)和翻滚角(Roll)等,限于篇幅,本节将不再赘述。

2.3.3 高精度地图质量控制与发布

在将高精度地图发布给用户之前,必须设计高效的评估模型及测试标准,对高精度地图的质量进行验收。同时,为了用户更好地调用高精度地图中所需要的部分,需设计地图引擎以实现高精度地图资源调度与更新。本节首先介绍关于高精度地图的质量控制流程与数据质量标准,之后简要说明地图引擎与发布。

1. 高精度地图的质量控制流程

高精度地图的质量要求贯穿整个地图生产过程,包含各个生成过程的检查方式、检查内容、成果质量评定标准。具体到地图生产的各环节,包括高精度地图资料采集、实地外业数据采集、室内数据制作、地图编译、高精度地图产品测试和产品发布。与高精度地图生产流程对应的高精度地图的质量控制流程如图 2-18 所示。

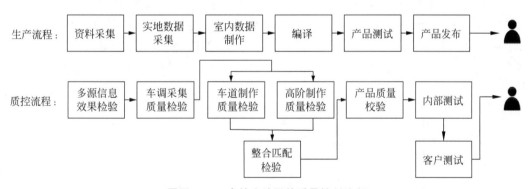

■图 2-18 高精度地图的质量控制流程

1) 外业采集质控

外业采集质控需三级把关,保证采集成品的品质。其中,一级质检即组长检验,主要进行有效性检验;二级质检即质量控制检验,主要进行有效性检验和实地检验;三级质检即质量部验收,主要进行有效性检验、室内检验和实地检验。

有效性检验:检验采集指引的完备性、有效性和正确性。检验方式为人工,根据城市采集指引及维护资料,对照外业采集成果进行检验;同时进行分城市、分区域、分要素的成果统计。

室内检验:检验采集成果的完整性、逻辑一致性以及可用性。由检验人员以城市或者区域为单位进行自动化处理,快速识别和检出有效问题点,通过人机交互的方式快速识别和检验,如高程差检查、图片曝光率等。

实地检验:检验相对于实地的完备性、正确性。检验方式:第一步,检验开始前,由检验人员根据城市重要区域、重要路段等挑选质检区域;第二步,按路线设计进行实际的采集检验,做问题记录。

2)内业制作质控

内业制作质控包括三个阶段,即程序处理检验、基础要素与高阶要素检验、数据接边检验及交付检验。

第一阶段:程序处理检验。检验方式:第一步,检验开始前,由检验人员均匀抽取各种场景。第二步,按规范标准要求,检验自动化处理数据的准召情况,输出准召率。

第二阶段:基础要素与高阶要素检验。检验方式:作业阶段进行自检、质检员进行抽检、质量保证验收。

第三阶段:数据接边检验及交付检验。例如,利用专业测量设备 Riegl 测量的数据作为地面真值来评估高精度地图精度。

3)产品化质控

数据逻辑和阈值检验利用产品理论检查工具按照高精数据交换规格对数据连通关系、阈值等进行检验并输出结果。

数据一致性检验利用产品可视化检查工具,对高精产品数据与现实的一致性进行人工检查,并记录数据问题。

2. 高精度地图的数据质量标准

高精度地图的数据质量基于 ISO 19157/19158 和 IATF 16949 等质量标准,质量保障贯穿整个高精度地图生产流程,严格按照国际电子地图 ISO 标准,并从面向静态地图生产及动态地图控制、感知等方面定义质量目标。高精度地图的数据质量控制目标主要分为数据完整性、逻辑一致性、位置准确度、专题准确度、时间准确度 5 个方面,如图 2-19 所示。

图 2-19　高精度地图的数据质量控制目标

高精度地图的质量标准可分为属性标准和几何标准两个方面。具体而言,属性标准包括属性要素、误报率(False Positive Rate,FPR)标准、漏报率(False Negative Rate,FNR)标准。其中,属性要素有车道类型等车道信息,路沿和护栏等道路信息,限速和限行等交通信息;几何标准包括绝对精度和相对精度,高精度地图的绝对精度达到米级,相对精度可达厘米级。高精度地图属性质量标准如表 2-2 所示。

表 2-2　高精度地图属性质量标准表

要　　素	误报率标准	漏报率标准
车道线几何	0.50%	0.50%
车道类型	0.30%	0.30%
车道通行状态	0.10%	0.10%
车道收费情况	0.10%	0.10%
车道线类型	0.20%	0.20%
车道线颜色	0.20%	0.20%
车道线粗细	0.10%	0.10%
路沿	0.50%	0.50%
护栏	0.50%	0.50%
限速	1%	1%
交叉点	0.50%	0.50%

3. 地图引擎与发布

高精度地图具有数据量大等特点,如果直接将全国的高精度地图数据导入自动驾驶汽车中,将会占用大量资源且费时。为了灵活调度高精度地图的资源,高精度地图供应商通常会提供一个叫"地图引擎"的软件。"地图引擎"提供读写高精度地图数据的应用程序编程接口(Application Programming Interface,API)。从应用层来看,"地图引擎"就是一套提供了驱动和管理地理数据,实现渲染、查询等功能的一套函数库,所有的应用层软件只需要调用"地图引擎"提供的 API 就能实现读取、增添、删除及修改高精度地图,从而保持车端地图的鲜度,为自动驾驶汽车提供高精度地图服务。同时,"地图引擎"基于车端数据互传机制,采集车端状态和道路数据,通过地图更新、数据回传形成云端到车端的数据闭环,持续优化高精度地图。

实际使用时,"地图引擎"接收来自自动驾驶汽车的地图数据需求信号,将所需的高精度地图数据传回至自动驾驶汽车中。

2.4　本章小结

高精度地图作为自动驾驶领域的关键部件和稀缺资源,在整个领域扮演着核心角色,可以帮助汽车预先感知路面复杂信息,如坡度、曲率、航向等,结合智能路径规划,让汽车做出正确决策。本章首先对高精度地图的重要性进行阐述,围绕高精度地图的定义及其价值,描述其在整个自动驾驶领域所扮演的核心角色。然后,就其中的图像识别算法、激光点云处理技术、同步定位与地图构建技术和云端服务体系进行了讲解,以帮助读者更好地了解高精度地图的关键技术。接下来,基于采集、制作、质量控制与发布三大流程对高精度地图的解决方案进行了细致的阐述,同时围绕高精度地图三大流程中的数据模型、格式规范和质量标准方面介绍了高精度地图的生产标准,阐述了如何完整地制作一份符合标准的高精度地图。

最后,讲解了高精度地图的地图引擎与发布方式。

参考文献

[1] JONATHAN M G. The most detailed maps of the world will be for cars，not humans ［EB/OL］. (2017-12-03)［2019-05-03］. https：//arstechnica. com/cars/2017/03/the-most-detailed-maps-of-the-world-will-be-for-cars-not-humans/.

[2] TAKEUCHI E，YOSHIHARA Y，YOSHIKI N. Blind area traffic prediction using high definition maps and lidar for safe driving assist［C］//2015 IEEE 18th International Conference on Intelligent Transportation Systems. IEEE，2015：2311-2316.

[3] POGGENHANS F，SALSCHEIDER N O，STILLER C. Precise localization in high-definition road maps for urban regions［C］//2018 IEEE/RSJ International Conference on Intelligent Robots and Systems (IROS). IEEE，2018：2167-2174.

[4] ZHENG S，WANG J. High definition map-based vehicle localization for highly automated driving：Geometric analysis［C］//2017 International Conference on Localization and GNSS (ICL-GNSS). IEEE，2017：1-8.

[5] LI F，BONNIFAIT P，IBANEZ-GUZMAN J，et al. Lane-level map-matching with integrity on high-definition maps［C］//2017 IEEE Intelligent Vehicles Symposium (IV). IEEE，2017：1176-1181.

[6] HAN S J，KANG J，JO Y，et al. Robust Ego-motion Estimation and Map Matching Technique for Autonomous Vehicle Localization with High Definition Digital Map ［C］//2018 International Conference on Information and Communication Technology Convergence (ICTC). IEEE，2018：630-635.

[7] GHALLABI F，NASHASHIBI F，EL-HAJ-SHHADE G，et al. LIDAR-Based Lane Marking Detection For Vehicle Positioning in an HD Map［C］//2018 21st International Conference on Intelligent Transportation Systems (ITSC). IEEE，2018：2209-2214.

[8] CHU H，GUO L，GAO B，et al. Predictive Cruise Control Using High-Definition Map and Real Vehicle Implementation［J］. IEEE Transactions on Vehicular Technology，2018，67（12）：11377-11389.

[9] LI W，MENG X，WANG Z，et al. Low-cost vector map assisted navigation strategy for autonomous vehicle［C］//2018 IEEE Asia Pacific Conference on Circuits and Systems (APCCAS). IEEE，2018：536-539.

[10] NEVEN D，DE BRABANDERE B，GEORGOULIS S，et al. Towards end-to-end lane detection：an instance segmentation approach［C］//2018 IEEE Intelligent Vehicles Symposium (IV). IEEE，2018：286-291.

[11] LIANG D，GUO Y，ZHANG S，et al. LineNet：a Zoomable CNN for Crowdsourced High Definition Maps Modeling in Urban Environments［EB/OL］. (2018-07-16)［2019-05-03］. https://arxiv. org/abs/1807. 05696.

[12] 朱德海. 激光点云库 PCL 学习教程［M］. 北京：北京航空航天大学出版社，2012.

[13] Point Cloud Library. PCL API Documentation［EB/OL］. (2019-04-27)［2019-05-03］. http://docs. pointclouds. org/trunk/group__features. html.

[14] BESL P J，MCKAT N D. A method for registration of 3-D shape［J］. IEEE Transactions on Pattern Analysis and Machine Intelligence，1992，14（2）：239-256.

[15] Point Cloud Library. Interactive Iterative Closest Point ［EB/OL］. （2019-04-27）［2019-05-03］. http：//pointclouds. org/documentation/tutorials/interactive_icp. php # interactive-icp.

[16] CHEN X, MA H, WAN J, et al. Multi-view 3d object detection network for autonomous driving ［C］//Proceedings of the IEEE Conference on Computer Vision and Pattern Recognition. 2017：1907-1915.

[17] QI C R, SU H, MO K, et al. Pointnet：Deep learning on point sets for 3d classification and segmentation ［C］//Proceedings of the IEEE Conference on Computer Vision and Pattern Recognition. 2017：652-660.

[18] QI C R, YI L, SU H, et al. Pointnet＋＋：Deep hierarchical feature learning on point sets in a metric space［C］//Advances in Neural Information Processing Systems. 2017：5099-5108.

[19] LIU L, OUYANG W, WANG X, et al. Deep learning for generic object detection：A survey ［EB/OL］. （2019-04-18）［2019-05-03］. https：//arxiv. org/abs/1809. 02165.

[20] XUANYUAN Z, LI B, ZHANG X, et al. Online Cooperative 3D Mapping for Autonomous Driving ［C］//2018 IEEE Intelligent Vehicles Symposium （IV）. IEEE, 2018：256-261.

[21] CLEMENS D, MARKUS M, ALEXANDER D, et al. A cost-effective solution for HD Maps creation［C］//AmE 2017—Automotive meets Electronics；8th GMM-Symposium, Dortmund, Germany, 2017：1-5.

[22] YANG S, ZHU X, NIAN X, et al. A robust pose graph approach for city scale LiDAR mapping ［C］//2018 IEEE/RSJ International Conference on Intelligent Robots and Systems （IROS）. IEEE, 2018：1175-1182.

[23] ALDIBAJA M, SUGANUMA N, YONEDA K. LIDAR-data accumulation strategy to generate high definition maps for autonomous vehicles［C］//2017 IEEE International Conference on Multisensor Fusion and Integration for Intelligent Systems （MFI）. IEEE, 2017：422-428.

[24] MASSOW K, KWELLA B, PFEIFER N, et al. Deriving HD maps for highly automated driving from vehicular probe data ［C］//2016 IEEE 19th International Conference on Intelligent Transportation Systems （ITSC）. IEEE, 2016：1745-1752.

[25] DABEER O, DING W, GOWAIKER R, et al. An end-to-end system for crowdsourced 3D maps for autonomous vehicles：The mapping component［C］//2017 IEEE/RSJ International Conference on Intelligent Robots and Systems （IROS）. IEEE, 2017：634-641.

[26] BAUER S, ALKHORSHID Y, WANIELIK G. Using high-definition maps for precise urban vehicle localization［C］//2016 IEEE 19th International Conference on Intelligent Transportation Systems （ITSC）. IEEE, 2016：492-497.

[27] 周旺. 高精度地图的构建及在定位和标注中的应用研究[D]. 长沙：国防科技大学, 2016.

[28] MÁTTYUS G, WANG S, FIDLER S, et al. Hd maps：Fine-grained road segmentation by parsing ground and aerial images［C］//Proceedings of the IEEE Conference on Computer Vision and Pattern Recognition. 2016：3611-3619.

[29] BITTEL S, REHFELD T, WEBER M, et al. Estimating high definition map parameters with convolutional neural networks［C］//2017 IEEE International Conference on Systems，Man，and Cybernetics （SMC）. IEEE, 2017：52-56.

[30] JANG W, AN J, LEE S, et al. Road Lane Semantic Segmentation for High Definition Map［C］// 2018 IEEE Intelligent Vehicles Symposium （IV）. IEEE, 2018：1001-1006.

[31] JIAO J. Machine Learning Assisted High-Definition Map Creation［C］//2018 IEEE 42nd Annual Computer Software and Applications Conference （COMPSAC）. IEEE, 2018，1：367-373.

[32] Apollo 开发者社区. Apollo 进阶课程 8 ｜高精地图的格式规范［EB/OL］. （2019-01-31）［2019-05-03］. https：//mp. weixin. qq. com/s/mlXyNHn0ts_tA8L-8rf1oQ.

［33］　OpenDRIVE. Navigation Data Standard Open Lane Model Documentation［EB/OL］.（2019-02-17）
　　　　［2019-05-03］. https://olm. nds-association. org/download. php? file＝NDSOpenLaneModel _ 1.
　　　　0. pdf.

［34］　OpenDRIVE. Format Specification，Rev. 1. 5［EB/OL］.（2019-02-17）［2019-05-03］. http://www.
　　　　opendrive. org/docs/OpenDRIVEFormatSpecRev1. 5M. pdf.

第3章　汽车定位技术

　　汽车定位是让自动驾驶汽车知道自身确切位置的技术,这是一个有趣且富有挑战的任务,在自动驾驶过程中担负着相当重要的职责。汽车自身定位信息获取的方式多样,涉及多种传感器类型和相关技术[1],本章将从卫星定位、惯性导航定位、地图匹配定位及多传感器融合定位介绍自动驾驶汽车定位技术。

3.1　卫星定位技术

　　在任何驾驶条件下,自动驾驶汽车均依赖于精准的位姿信息,包括位置、速度和姿态等。收集这些信息需要整合多种复杂技术,其中 GNSS 功不可没。当下 GNSS 定位技术结合了多套卫星导航定位技术,能为自动驾驶汽车提供更精准的位置信息,如图 3-1 所示。本节将从卫星导航定位系统简介、GNSS 定位原理及 GNSS 误差分析等几个方面对卫星定位技术进行描述。

3.1.1　卫星导航定位系统简介

　　卫星导航定位系统是星基无线电导航系统,以人造地球卫星作为导航台,为全球海陆空的各类军民载体提供位置、速度和时间信息,这些信息都具有全天候且高精度等特征,因而又被称作天基定位、导航和授时系统。卫星导航定位系统包括全球 4 大导航卫星系统,还有区域系统和增强系统[2]。

1. 全球 4 大导航卫星系统

　　美国的全球定位系统(Global Positioning System,GPS)、俄罗斯的格洛纳斯卫星导航系统(Global Navigation Satellite System,GLONASS)、中国的北斗卫星导航系统(Beidou Navigation Satellite System,BDS)与欧盟的伽利略卫星导航系统(Galileo Satellite Navigation System,GALILEO)并称为全球 4 大导航卫星系统[3]。

　　1) GPS

　　GPS 提供具有全球覆盖、全天时、全天候、连续性等优点的三维导航

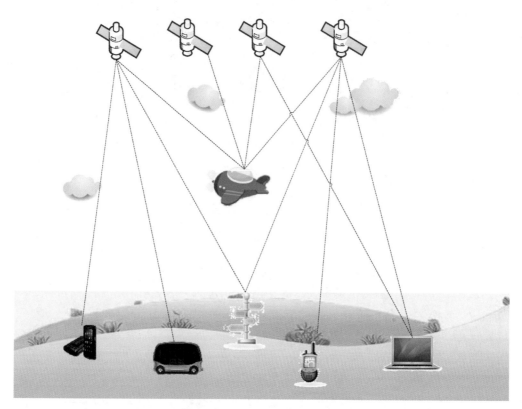

■图 3-1　卫星导航定位示意图

和定位能力,作为先进的测量、定位、导航和授时手段,除了在军事上起着举足轻重的作用,在国家安全、经济建设和民生发展的各个方面都扮演着重要的角色。

　　GPS 由 3 部分构成,即空间卫星部分、地面监控部分和用户接收部分。空间卫星部分又称为空间段,由 21 颗 GPS 工作卫星和 3 颗在轨备用卫星构成完整的 21+3 形式的 GPS 卫星工作星座。这种星座构型满足在地球上任意地点、任意时刻均能观测到至少 4 颗几何关系较好的卫星来用于定位。地面控制部分又称为地面段,由分布在全球的一个主控站、3 个注入站和若干个监测站组成。用户接收部分又称为用户段,主要接收导航、定位和授时服务,这些服务已广泛应用于各个领域。

　　2) GLONASS

　　GLONASS 是苏联时期建设的导航系统,同样能够为海陆空的民用和军用提供全球范围内的实时、全天候连续导航、定位和授时服务。GLONASS 也由空间段、地面段、用户段 3 大部分组成,但与 GPS 相比,各部分的具体技术有较大的差异。空间段由 24 颗卫星组成,其中有 21 颗正常工作卫星和 3 颗备份卫星。如果 GLONASS 星座完整,则可以满足在地球上任意地点、任意时刻都能收到来自至少 4 颗卫星的信号,从而获取可靠的导航定位信息[4]。地面段包括系统控制中心的跟踪控制站网,这些跟踪控制站网分散在俄罗斯领土上。用户段接收卫星发射的导航信号,从而获取需要的位置、速度和时间信息。

　　3) BDS

　　BDS 是中国正在实施的自行研制的全球卫星导航系统,于 2012 年 12 月 27 日启动区域性导航定位与授时服务[5]。其间，由中国独立开发的北斗二号系统已向我国及周边地区在内的亚太大部分地区提供服务[6]。目前，我国正在进行北斗三号系统卫星的发射与调试。

除了与上述导航系统提供的导航、定位、授时功能等相同的服务外，BDS还具有特殊的短报文通信功能。从组成结构来看，同样分为空间段、地面段和用户段。空间段由5颗地球静止轨道（Geostationary Orbit，GEO）卫星和30颗非地球静止轨道（Nongeostationary Orbit，NON-GEO）卫星组成。其中，由5颗GEO卫星、3颗倾斜地球同步轨道（Inclined Geosynchronous Orbit，IGSO）卫星和4颗中地球轨道（Medium Earth Orbit，MEO）导航卫星组成的星座方案被北斗二号区域导航系统采用。

"北斗三号"全球导航系统建设，将按照计划由5颗GEO卫星和30颗NON-GEO卫星组成全部35颗卫星。GEO+MEO+IGSO的星座构型是北斗卫星导航系统的完整布局，最大的优点则同样是保证了在地球上任意地点、任意时刻均能接收来自4颗及以上导航卫星发射的信号，观测条件良好的地区甚至可以接收到10余颗卫星的信号。地面段包括监测站、上行注入站、主控站。用户段组成及功能同前两者基本相同。

4）GALILEO

GALILEO也是一个正在建设中的全球卫星导航系统，其目的是使欧洲摆脱对美国GPS的依赖，打破其垄断地位。该系统的基本服务免费，但要使用高精度定位服务就需要付费。GALILEO也分为空间段、地面段、用户段3大部分。空间段是由分布在3个轨道上的30颗MEO卫星构成，其中27颗工作卫星、3颗备份卫星。地面段由2个地面操控站，29个伽利略传感器站以及5个S波段上行站和10个C波段上行站组成，传感器站及上行站均分布于全球。用户段则提供独立于其他卫星导航系统的5种基本服务。

2. 区域卫星导航系统

除了上文4个全球卫星导航系统外，还有一些其他已完成或正在建设的区域卫星导航系统，如日本的准天顶卫星系统（Quasi-Zenith Satellite System，QZSS）、印度的区域导航卫星系统（Indian Regional Navigation Satellite System，IRNSS）等[7]。其中日本的QZSS的主要目标是作为GPS的补充、作为GNSS的增强和提供信息服务，范围覆盖了亚太地区，提升了灾害管理和有效维护国家安全的能力。随着系统卫星数量和密度的不断增加，QZSS从技术上可能升级为独立的卫星导航系统，提供完整的卫星导航功能。

3. 星基增强系统

星基增强系统（Satellite-Based Augmentation System，SBAS）是由美国实施选择可用性（Selective Availability，SA）政策而发展起来的。SBAS也主要由空间段、地面段和用户段构成。为了提升GPS的性能，满足不同用户对高精度、高完好性的需求，产生了相应的增强系统。例如，美国的WAAS（Wide Area Augmentation System）、俄罗斯的SDCM（System for Differential Corrections and Monitoring）、日本的MSAS（Multi-functional Satellite Augmentation System）、欧洲的EGNOS（European Geostationary Navigation Overlay Service）和印度的GAGAN（GPS Aided Geo Augmented Navigation）。这5个典型区域性星基增强系统被纳入GNSS中，可以提高单点卫星定位的稳定性和精度，从而实现1~3m甚至小于1m的定位精度。

4. 地基增强系统

地基增强系统（Ground-Based Augmentation Systems，GBAS）是卫星导航系统建设中

的一项重要内容,可以大大提升系统服务性能。GBAS 综合使用了各种不同效果的导航增强技术,主要包括精度增强技术、完好性增强技术、连续性和可用性增强技术,最终实现了其增强卫星导航服务性能的功能。

我国的地基增强系统主要是北斗地基增强系统,属于国家重大信息基础设施,用于增强北斗卫星导航系统的定位精度和完好性。该系统由框架网基准站和加强密度网基准站、通信网络、数据处理系统、运营平台、数据播发系统和用户终端组成,具备在全国范围内为用户提供广域实时米级、分米级、厘米级和后处理毫米级定位精度的能力,具有作用范围广、精度高、野外单机作业等优点。

3.1.2 GNSS 定位原理

根据后方交会定位原理,要实现 GNSS 定位,需要解决两个问题:一是观测瞬间卫星的空间位置;二是观测站点和卫星之间的距离,即卫星在某坐标系中的坐标。为此首先要建立适当的坐标系来表征卫星的参考位置[8],而坐标又往往与时间联系在一起[9],因此,GNSS 定位是基于坐标系统和时间系统进行的。

1. 坐标系统与时间系统

卫星导航系统中,坐标系用于描述与研究卫星在其轨道上的运动、表达地面观测站的位置以及处理定位观测数据。根据应用场合的不同,选用的坐标系也不相同。坐标系统大概分为以下几类:地理坐标系、惯性坐标系、地球坐标系、地心坐标系和参心坐标系。国内常用的坐标系统有:1954 年北京 54 坐标系(Beijing 54 Coordinate System,P54)、1980 年国家大地坐标系(National Geodetic Coordinate System 1980,C80)、1984 年世界大地坐标系统(World Geodetic System-1984 Coordinate System,WGS-84)、2000 国家大地坐标系(China Geodetic Coordinate System 2000,CGCS2000)。

时间系统在卫星导航中是最重要、最基本的物理量之一。首先,高精度的原子钟控制卫星发送的所有信号。其次,在大多数卫星导航系统中,距离的测量都是通过精确测定信号传播的时间来实现的。时间系统主要包括世界时、历书时、力学时、原子时、协调世界时、儒略日、卫星导航时间系统。其中 GNSS 采用了一个独立的时间系统作为导航定位计算的依据,称为 GNSS 时间系统,简称 GNSST。GNSST 属于原子时系统,其秒长与原子时秒长相同。

2. 定位原理

GNSS 的设计思想是将空间的人造卫星作为参照点,确定一个物体的空间位置。根据几何学理论可以证明,通过精确测量地球上某个点到三颗人造卫星之间的距离,能对此点的位置进行三角形的测定,这就是 GNSS 最基本的设计思路及定位功能。

假设地面测得某点 P 到卫星 S_1 的距离为 r_1,那么从几何学可知,P 点所在的空间可能位置集缩到这样一个球面上,此球面的球心为卫星 S_1,半径为 r_1。再假设测得 P 点到第二颗卫星 S_2 的距离为 r_2,同样意味着 P 点处于以第二颗卫星 S_2 为球心、半径为 r_2 的球面上。如果同时测得 P 点到第三颗卫星 S_3 的距离为 r_3,意味着 P 点也处于以第三颗卫星 S_3 为球心、半径为 r_3 的球面上,这样就可以确定 P 点的位置,也就是三个球面的交汇处,如

图 3-2 所示。

从 GNSS 进行定位的基本原理可以看出,GNSS 定位方法的实质,即测量学的空间后方交会。由于 GNSS 采用单程测距,且难以保证卫星钟与用户接收机钟的严格同步,因此观测站和卫星之间的距离均受两种时钟不同步的影响。卫星钟差可用导航电文中所给的有关钟差参数进行修正,而接收机的钟差大多难以精准确定,通常采用的优化做法是将其作为一个未知参数,与观测站的坐标一并求解,即一般在一个观测站上需求解 4 个未知参数(3 个点位坐标分量和一个钟差参数),因此至少需要 4 个同步伪距观测值,即需要同时观测 4 颗卫星。

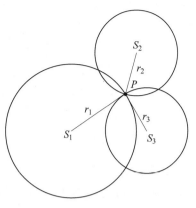

■图 3-2　三球定位原理图

根据用户站的运动状态可将 GNSS 分为静态定位和动态定位。静态定位是将待定点固定不变,将接收机安置在待定点上进行大量的重复观测。动态定位是指待定点处于运动状态,测定待定点在各观测时刻运动中的点位坐标,以及运动载体的状态参数,如速度、时间和方位等。此外,还可以根据定位模式分为绝对定位和相对定位。绝对定位只用一台接收机来进行定位,又称作单点定位,它所确定的是接收机天线在坐标系统中的绝对位置。相对定位是指将两台接收机安置于两个固定不变的待定点上,或将一个点固定于已知点上,另一个点作为流动待定点,经过一段时间的同步观测,可以确定两个点之间的相对位置,从而获得高精度的位置坐标[10]。

3.1.3　GNSS 数据误差

卫星导航系统的误差从来源上可以分为 4 类:与信号传播有关的误差、与卫星有关的误差、与接收机有关的误差以及与地球转动有关的误差[11]。

与信号传播有关的误差包括电离层延迟误差、对流层延迟误差及多径效应误差。与卫星有关的误差包括卫星星历误差、卫星时钟误差、相对论效应等。与接收机有关的误差包括接收机时钟误差、(接收机天线相位中心相对于测站标识中心的)位置误差和天线相位中心位置的偏差。与地球转动有关的误差包括来自地球潮汐、地球自转的影响。误差分类如表 3-1 所示,下面列举几种常见误差进行说明。

表 3-1　卫星导航系统误差

误　差　来　源		对测距的影响/m
与信号传播有关的误差	电离层延迟误差	1.5～15.0
	对流层延迟误差	
	多径效应误差	
与卫星有关的误差	卫星星历误差	1.5～15.0
	卫星时钟误差	
	相对论效应	

续表

误差来源		对测距的影响/m
与接收机有关的误差	接收机时钟误差	1.5～5.0
	位置误差	
	天线相位中心位置的偏差	
与地球转动有关的误差	地球潮汐	1
	地球自转	

1. 电离层延迟误差

电离层是处于地球上空 50～1000km 高度的大气层。该大气层中的中性分子受太阳辐射的影响发生电离,产生大量的正离子与电子。在电离层中,电磁波的传输速率与电子密度有关。因此直接将真空中电磁波的传播速度乘以信号的传播时间得到的距离,很大可能与卫星至接收机间的真实几何距离不相等,这两种距离上的偏差叫电离层延迟误差。电离层延迟误差是影响卫星定位的主要误差源之一,它引起的距离误差较大,一般在白天可以达到 15m 的误差,在夜晚则可以达到 3m 的误差;并且在天顶方向引起的误差最大可达 50m,水平方向引起的误差最大可达 150m。针对电离层延迟误差的改进措施通常包括利用双频观测、利用电离层模型辅以修正和利用同步观测值求差。

2. 多径效应误差

接收机接收信号时,如果接收机周围物体所反射的信号也进入天线,并且与来自卫星的信号通过不同路径传播且于不同时间到达接收端,反射信号和来自卫星的直达信号相互叠加干扰,使原本的信号失真或者产生错误,造成衰落[12]。这种由于多径信号传播所引起的衰落被称作多径效应,也称多路径效应。多径效应误差是卫星导航系统中一种主要的误差源,可造成卫星定位精确度的损害,严重时还将引起信号的失锁。改进措施通常包括将接收机天线安置在远离强发射面的环境、选择抗多径天线、适当延长观测时间、降低周期性影响、改进接收机的电路设计、改进抗多径信号处理和自适应抵消技术。

3. 卫星星历误差

由星历所给出的卫星位置与卫星实际位置之差称为卫星星历误差。卫星星历误差主要由钟差、频偏、频漂等产生。针对卫星在运动中受到的多种摄动力的综合影响,对于目前的技术来说,要求地面监测站实现准确、可靠地测出这些作用力,并掌握其作用规律是比较困难的,因此卫星星历误差的估计和处理尤为关键。改进措施通常包括忽略轨道误差、通过轨道改进法处理观测数据、采用精密星历和同步观测值求差。

3.1.4　差分 GNSS 定位技术

减少甚至消除 3.1.3 节所提到的误差是提高定位精度的措施之一,而差分 GNSS 可有效利用已知位置的基准站将公共误差估算出来,通过相关的补偿算法削弱或消除部分误差,从而提高定位精度。

差分 GNSS 的基本原理主要是在一定地域范围内设置一台或多台接收机,将一台已知精密坐标的接收机作为差分基准站,基准站连续接收 GNSS 信号,与基准站已知的位置和距离数据进行比较,从而计算出差分校正量。然后,基准站就会将此差分校正量发送到其范围内的流动站进行数据修正,从而减少甚至消除卫星时钟、卫星星历、电离层延迟与对流层延迟所引起的误差,提高定位精度。

流动站与差分基准站的距离直接影响差分 GNSS 的效果,流动站与差分基准站的距离越近,两站点之间测量误差的相关性就越强,差分 GNSS 系统性能就越好。

根据差分校正的目标参量的不同,差分 GNSS 主要分为位置差分、伪距差分和载波相位差分。

1. 位置差分

位置差分系统如图 3-3 所示。通过在已知坐标点的基准站上安装 GNSS 接收机来对 4 颗或 4 颗以上的卫星进行实时观测,便可以进行定位,得出当前基准站的坐标测量值。实际上由于误差的存在,通过 GNSS 接收机接收的消息解算(Solve)出来的坐标与基准站的已知坐标是不同的。然后将坐标测量值与基准站实际坐标值的差值作为差分校正量。基准站利用数据链将所得的差分校正量发送给流动站,流动站利用接收到的差分校正量与自身 GNSS 接收机接收到的测量值进行坐标修改。位置差分是一种最简单的差分方法,其传输的差分改正数少,计算简单,并且任何一种 GNSS 接收机均可改装和组成这种差分系统。但由于流动站与基准站必须观测同一组卫星,因此位置差分法的应用范围受到距离上的限制,通常流动站与基准站间距离不超过 100km。

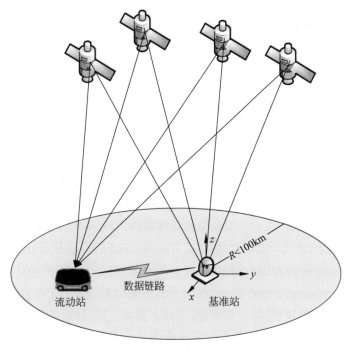

■图 3-3　位置差分系统

2. 伪距差分

如图 3-4 所示,伪距差分技术是在一定范围的定位区域内,设置一个或多个安装 GNSS 接收机的已知点作为基准站,连续跟踪、观测所有在信号接收范围内的 GNSS 卫星伪距,通过在基准站上利用已知坐标求出卫星到基准站的真实几何距离,并将其与观测所得的伪距比较,然后通过滤波器对此差值进行滤波并获得其伪距修正值。接下来,基准站将所有的伪距修正值发送给流动站,流动站利用这些误差值来改正 GNSS 卫星传输测量伪距。最后,用户利用修正后的伪距进行定位。伪距差分的基准站与流动站的测量误差与距离存在很强的相关性,故在一定区域范围内,流动站与基准站的距离越小,其使用 GNSS 差分得到的定位精度就会越高。

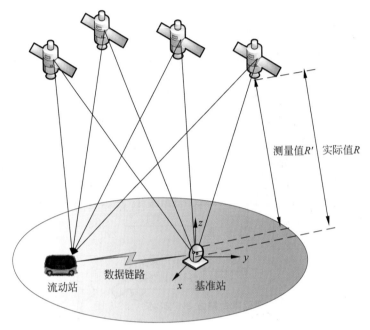

测量值R′　实际值R

数据链路　　基准站
流动站

■ 图 3-4　伪距差分系统

3. 载波相位差分

GNSS 位置差分技术与伪距差分技术都能基本满足定位导航等的定位精度需求[13],但应用在自动驾驶中还远远不够,因此需要更加精准的 GNSS 差分技术,即载波相位差分技术。载波相位实现差分的方法有修正法和差分法。修正法与伪距差分类似,由基准站将载波相位修正量发送给流动站,以改正其载波相位观测值,然后得到自身的坐标。差分法是将基准站观测的载波相位测量值发送给流动站,使其自身求出差分修正量,从而实现差分定位。

载波差分技术的根本是实时处理两个测站的载波相位。与其他差分技术相比,载波相位差分技术中基准站不直接传输关于 GNSS 测量的差分校正量,而是发送 GNSS 的测量原始值。流动站收到基准站的数据后,与自身观测卫星的数据组成相位差分观测值,利用组合后的测量值求出基线向量完成相对定位,进而推算出测量点的坐标。

然而,在使用载波差分法进行相位测量时,每一个相位的观测值都包含有无法直接观测载波的未知整周期数,称为相位整周模糊度。如何正确确定相位整周模糊度是载波相位测量求解中最重要,也是最棘手的问题。求解相位整周模糊度分为有初始化方法和无初始化方法。前者要求具有初始化过程,即对流动站进行一定时间的固定观测,一般需要 15min,利用静态相对测量软件进行求解,得到每颗卫星的相位整周模糊度并固定此值,便于在以后的动态测量中将此相位整周模糊度作为已知量进行求解。后者虽然称作无初始化，但实际上仍需要时间较短的初始化过程，一般只需 3～5min，随后快速求解相位整周模糊度。因此两种求解相位整周模糊度的方法都需要具备初始化过程，并且在初始化后必须保持卫星信号不失锁，否则，就要回到起算点重新进行捕捉和锁定。

RTK 是一种利用接收机实时观测卫星信号载波相位的技术，结合了数据通信技术与卫星定位技术，采用实时解算和数据处理的方式，能够实现为流动站提供在指定坐标系中的实时三维坐标点，在极短的时间内实现高精度的位置定位。常用的 RTK 定位技术分为常规 RTK 和网络 RTK。

1）常规 RTK

常规 RTK 定位技术是一种基于 GNSS 高精度载波相位观测值的实时动态差分定位技术，也可用于快速静态定位。采用常规 RTK 进行定位工作时，除需配备基准站接收机和流动站接收机外，还需要数据通信设备，基准站通过数据链路将自己所获得的载波相位观测值及站坐标实时播发给在其周围工作的动态用户。流动站数据处理模块则通过动态差分定位的方式，确定流动站相对于基准站的位置，并根据基准站的坐标得到自身的瞬时绝对位置。常规 RTK 系统如图 3-5 所示。

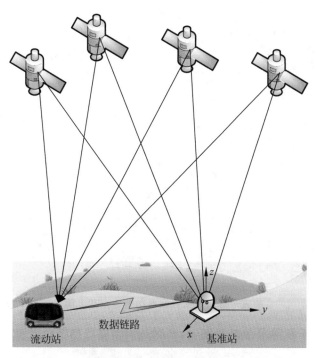

■图 3-5 常规 RTK 系统

显然，常规 RTK 定位技术虽然可以满足很多应用的要求，但流动站与基准站的距离不能过远，当距离大于 50km 时，常规 RTK 一般只能达到分米级的定位精度。因此，常规 RTK 并不能完全满足自动驾驶系统对汽车、车道及障碍物的厘米级定位需求。

2）网络 RTK

（1）网络 RTK 原理。

网络 RTK 也称多基准站 RTK。网络 RTK 属于实时载波相位双差定位，是近年来一种基于常规 RTK 和差分 GNSS 技术等发展起来的实时动态定位新技术。网络 RTK 是指在某一区域内由若干个固定的、连续运行的 GNSS 基准站形成一个基准站网络,对区域内全方位覆盖,并以这些基准站中的一个或多个为基准,为该地区内的 GNSS 用户实现实时、高精度定位提供 GNSS 误差改正信息。网络 RTK 技术与常规 RTK 技术相比,覆盖范围更广,作业成本更低,定位精度更高,用户定位的初始化时间更短。

（2）网络 RTK 系统。

网络 RTK 系统如图 3-6 所示。它是网络 RTK 技术的应用实例,主要包括固定的基准站网、负责数据处理的控制中心部分、数据播发中心、数据链路和用户站。其中基准站网由若干个基准站组成,每个基准站都配备有双频全波长 GNSS 接收机、数据通信设备和气象仪器等。通过长时间 GNSS 静态相对定位等方法可以精确得到基准站的坐标,基准站 GNSS 接收机按一定采样率进行连续观测,通过数据链路将观测数据实时传送给数据处理中心,数据处理中心首先对各个站的数据进行预处理和质量分析,然后对整个基准站网的数据进行统一解算,实时估计出网内的各种系统误差的改正项(电离层、对流层和轨道误差),并建立误差模型。

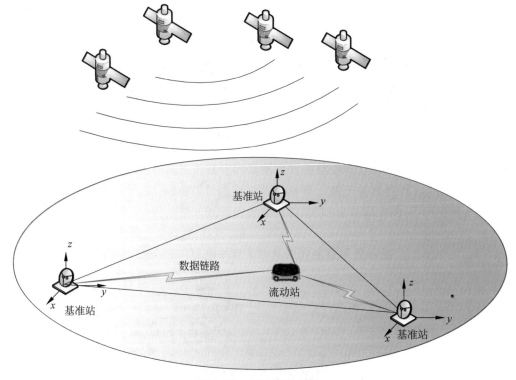

■图 3-6　网络 RTK 系统

根据通信方式的不同,可将网络 RTK 系统分为单向数据通信和双向数据通信。在单向数据通信中,数据处理中心直接通过数据播发设备把误差参数广播出去,用户收到这些误差改正参数后,根据自己的坐标和相应的误差改正模型计算出误差改正数,从而进行高精度定位。在双向数据通信中,数据处理中心对流动站的服务请求进行实时侦听,并接收来自流动站的近似坐标,根据流动站的近似坐标和误差模型,求出流动站处的误差后,直接将改正数或者虚拟观测值播发给用户。基准站与数据处理中心间的数据通信可采用无线通信等方法进行。流动站和数据处理中心间的双向数据通信则可通过 V2X 等车联网通信技术实现,相关技术详见本书第 4 章内容。

3.2 惯性导航定位技术

惯性是所有质量体本身的基本属性。建立在牛顿定律基础上的惯性导航系统不与外界发生任何光电联系,仅靠系统本身就能对汽车进行连续的三维定位和三维定向。由于惯性导航系统这种能自主地、隐蔽地获取汽车完备运动信息的优势是诸如 GNSS 等其他定位系统无法比拟的,所以惯性导航系统一直是自动驾驶中获取汽车位姿数据的重要手段。

惯性导航定位是一门跨多学科的技术,涉及近代数学、物理学、力学、光学、材料学、微电子和计算机等诸多领域,内容较为丰富[14]。本节将从系统简介、工作原理、误差分析等方面对惯性导航定位系统进行介绍。

3.2.1 惯性导航定位系统简介

惯性导航系统是一种不依赖于外部信息,也不向外部辐射能量的自主式导航系统[15]。其主要由惯性测量单元、信号预处理和机械力学编排 3 个模块组成,如图 3-7 所示。

图 3-7 惯性导航系统的主要模块

一个惯性测量单元包括 3 个相互正交的单轴加速度计(Accelerometer)和 3 个相互正交的单轴陀螺仪(Gyroscopes)。惯性测量单元结构如图 3-8 所示。信号预处理部分对惯性测量单元输出信号进行信号调理、误差补偿并检查输出量范围等,以确保惯性测量单元正常工作。

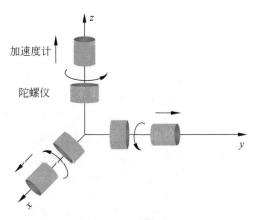

图 3-8 惯性测量单元结构

惯性导航系统根据机械力学编排形式的不同,可分为平台式惯性导航系统(Gimbaled Inertial Navigation System,GINS)和捷联式惯性导航系统(Strap-down Inertial Navigation System,SINS),这两种系统的组成如图3-9所示。图3-9中的数学平台是为了建立导航坐标系,计算导航数据所虚构的平台。

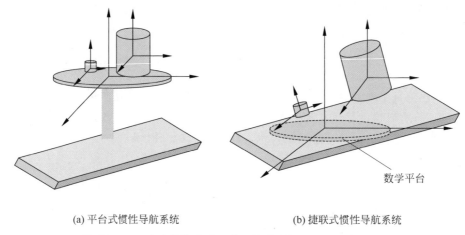

(a) 平台式惯性导航系统   (b) 捷联式惯性导航系统

■图3-9   平台式惯性导航系统和捷联式惯性导航系统的组成

平台式惯性导航系统是将陀螺仪和加速度计等惯性测量单元通过支架平台与载体固连的惯性导航系统。惯性测量单元固定在平台台体上,系统的敏感轴能直接模拟导航坐标系,这就保证了敏感轴的准确指向,并且隔离了载体的角运动,给惯性测量单元提供了较好的工作环境,使得系统的精度较高,但平台台体也直接导致了系统结构复杂、体积大、制造成本高等不足。捷联式惯性导航系统是把惯性测量单元直接固连在载体上,用计算机来完成导航平台功能的惯性导航系统,载体转动时系统的敏感轴也跟随转动,通过计算载体的姿态角就能确定出惯性测量单元敏感轴的指向,然后将惯性测量单元测量得到的载体运动信息变换到导航坐标系上即可进行航迹递推。基于成本控制考虑,当前自动驾驶领域常用捷联式惯性导航系统。

3.2.2   惯性导航定位系统工作原理

惯性导航定位系统是一种以陀螺仪和加速度计为感知元件的导航参数解算系统,应用航迹递推算法提供位置、速度和姿态等信息[16]。汽车行驶数据的采集由以陀螺仪和加速度计组成的惯性测量单元来完成。通常说"用加速度计测量载体的运动加速度",实际上这个说法并不确切,因为加速度计测量的不是载体的运动加速度,而是载体相对惯性空间的绝对加速度和重力加速度之和,称作"比力"。从加速度计的工作原理可知,加速度计可以输出沿敏感轴方向的比力,其中含有载体绝对加速度。同样地,陀螺仪可以输出车体相对于惯性坐标系的角加速度信号。以上两个惯性传感器组的敏感轴是相互平行的,共享惯性传感器组的原点和敏感轴。因此,如果在汽车上能得到互相正交的3个敏感轴上的加速度计和陀螺仪输出,同时又已知敏感轴的准确指向,就可以掌握汽车在三维空间内的运动加速度和角速度。

惯性导航定位系统工作原理基于牛顿第二运动定律,其说明了加速度的大小与作用力

成正比,方向与作用力的方向相同[17],数学表达式为

$$F = ma \tag{3-1}$$

惯性导航定位系统利用载体先前的位置、惯性测量单元测量的加速度和角速度来确定其当前位置。其中,速度 v 和偏移量 s 都可以通过对加速度 a 的积分得到。如式(3-2)、式(3-3)所示,加速度 a 经过积分得到速度 v,经过二重积分得到偏移量 s。相反,速度和加速度也可以通过对位移的微分而估算得到。

$$\begin{cases} v = \int a \, \mathrm{d}t \\ s = \int v \, \mathrm{d}t = \iint a \, \mathrm{d}t \, \mathrm{d}t \end{cases} \tag{3-2}$$

$$v = \frac{\mathrm{d}s}{\mathrm{d}t}, \quad a = \frac{\mathrm{d}v}{\mathrm{d}t} = \frac{\mathrm{d}^2 s}{\mathrm{d}t^2} \tag{3-3}$$

类似地,汽车的俯仰、偏航、翻滚等姿态信息都可以通过对角加速度的积分得到。利用姿态信息可以把导航参数从惯性坐标系变换到导航坐标系中[18]。

综上,惯性导航定位系统可以说是一个由惯性测量单元和积分器组成的积分系统。该系统通过陀螺仪测量载体旋转信息求解得到载体的姿态信息,再将加速度计测量得到的载体比力信息转换到导航坐标系进行加速度信息的积分运算,就能推算出汽车的位置和姿态信息。

从一个已知的坐标位置开始,根据载体在该点的航向、航速和航行时间,推算下一时刻该坐标位置的导航过程称为航迹递推[19]。航迹递推是一种非常原始的定位技术,最早是海上船只根据罗经和计程仪所指示的航向、航程以及船舶操纵要素与风流要素等,在不借助外界导航物标的条件下求取航迹和船位,逐渐演化成如今自动驾驶汽车定位技术中最常用的方法。

正如前面所提到的,惯性导航定位基于一个简单的原理,那就是位置的差异可以由一个加速度的双重积分得到,可以被描述为在一个稳定坐标系下并且被明确定义的与时间相关的函数,可表述为

$$\Delta s = s_t - s_0 = \int_0^t \int_0^t a_t \, \mathrm{d}t \, \mathrm{d}t \tag{3-4}$$

式中,s_0 为初始位置,a_t 是在 s_t 规定的坐标系中的惯性测量单元测量得到的沿运动方向的加速度。

接下来介绍一维航迹递推和二维航迹递推的导航例子,然后,简要叙述三维航迹递推的基本思路。

1. 一维航迹递推

对于一维航迹递推,考虑在如图 3-10 所示的汽车直线(即在一个固定的方向)上移动的场景。要在这种情况下进行航迹递推,只需要将一个加速度计安装在汽车上,并使加速度计的敏感轴方向与汽车运动方向一致,即可得到速度和位置。

已知汽车的初始位置 s_0、初始速度 v_0,通过对加速度 a 进行积分即可得到汽车在 t 时刻的速度 v_t,即

$$v_t = \int a \, \mathrm{d}t = at + v_0 \tag{3-5}$$

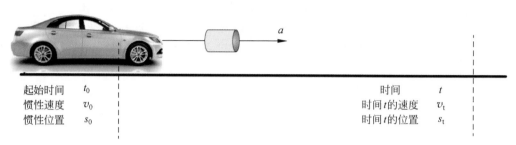

■ 图 3-10　一维惯性导航

对速度 v_t 进行积分得到汽车在 t 时刻的位置 s_t：

$$
\begin{aligned}
s_t &= \int v_t \, \mathrm{d}t \\
&= \int (at + v_0) \, \mathrm{d}t \\
&= \frac{1}{2}at^2 + v_0 t + s_0
\end{aligned}
\tag{3-6}
$$

2. 二维航迹递推

航迹递推从一维拓展到二维的难点主要在于需要将惯性坐标系（坐标轴为 x、y，x 轴与汽车航向保持一致）下的加速度变换到一个与地球固连的坐标系下，常用的是地理坐标系，也称为导航坐标系（坐标轴为 E、N，N 轴与地理北向保持一致）。

在二维航迹递推中，将汽车看作在二维平面（x，y）上的运动，需要已知汽车的起始点 (x_0, y_0) 和起始航向角 A_0。通过实时检测汽车在 x、y 两个方向上的行驶距离和航向角的变化，即可实时推算汽车的二维位置。

图 3-11 是将曲线运动近似为直线运动的捷联式惯性导航二维航迹递推示意图，其中黑色圆点表示汽车位置，θ 表示汽车与北向间的夹角，圆柱体表示加速度计与陀螺仪，陀螺仪敏感轴垂直于纸面向外。在进行类似一维航迹递推中的积分运算前，需要将惯性测量单元的输出转换到导航坐标系中。汽车转弯将使陀螺仪产生一个相对于导航坐标系方向角变化的角速度 ω，结合初始航向角 A_0，对陀螺仪测量得到的角速度进行积分可以得到航向角 A_t。

■ 图 3-11　捷联式惯性导航二维航迹递推示意图

$$
A_t = \int \omega \, \mathrm{d}t + A_0
\tag{3-7}
$$

汽车速度变化将产生 IMU 坐标系下的加速度 a_y，但是推算需要的是在导航坐标系中的加速度 a_N，使用航向角 A_t 可以将惯性测量单元的测量信息转换到导航坐标系中。坐标系的转换如图 3-12 所示。

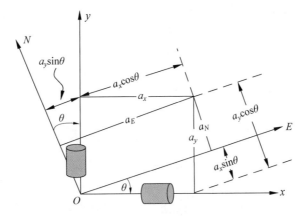

■图 3-12 惯性坐标系到导航坐标系的转换

IMU 坐标轴 x、y 与导航坐标轴 E、N 存在夹角 θ，因此加速度 a_E 和加速度 a_N 可以写为

$$a_E = a_y \sin\theta + a_x \cos\theta \tag{3-8}$$

$$a_N = a_y \cos\theta - a_x \sin\theta \tag{3-9}$$

矩阵形式为

$$\begin{pmatrix} a_E \\ a_N \end{pmatrix} = \begin{pmatrix} \cos\theta & \sin\theta \\ -\sin\theta & \cos\theta \end{pmatrix} \begin{pmatrix} a_x \\ a_y \end{pmatrix} \tag{3-10}$$

其中，$\begin{pmatrix} \cos\theta & \sin\theta \\ -\sin\theta & \cos\theta \end{pmatrix}$ 为坐标转换的二维旋转矩阵。

得到导航坐标系中的加速度，即可对其积分得到速度：

$$\begin{cases} v_E = \int (a_y \sin\theta + a_x \cos\theta) \mathrm{d}t \\ v_N = \int (a_y \cos\theta - a_x \sin\theta) \mathrm{d}t \end{cases} \tag{3-11}$$

再进行积分，得到导航坐标系中的位置：

$$\begin{cases} x_E = \iint (a_y \sin\theta + a_x \cos\theta) \mathrm{d}t\,\mathrm{d}t \\ x_N = \iint (a_y \cos\theta - a_x \sin\theta) \mathrm{d}t\,\mathrm{d}t \end{cases} \tag{3-12}$$

矩阵形式为

$$\begin{pmatrix} x_E \\ x_N \end{pmatrix} = \iint \begin{pmatrix} \cos\theta & \sin\theta \\ -\sin\theta & \cos\theta \end{pmatrix} \begin{pmatrix} a_x \\ a_y \end{pmatrix} \mathrm{d}t\,\mathrm{d}t \tag{3-13}$$

3. 三维航迹递推

三维航迹递推需要 3 个陀螺仪来测量载体相对于惯性空间的旋转角速率，需要 3 个加速度计来测量载体相对惯性空间受到的比力。如图 3-13 所示，载体的合加速度是重力加速度和其他外力产生的加速度的合成。为了消除重力加速度分量，须知道加速度计相对于重力方向的角度，这个可以由解算的姿态矩阵给出。与二维航迹递推类似，对陀螺仪测量的角速度进行积分可以得到 3 个姿态角,去掉重力加速度的同时通过三维旋转矩阵将加速度计测量值投影到导航坐标系中。下面给出基础三维旋转矩阵,其中 γ、α、β 角分别对应 3 个姿态角翻滚角、俯仰角、航向角,式(3-14)~式(3-16)分别表示绕 x、y、z 轴旋转 γ、α、β 角的旋转矩阵。

$$\boldsymbol{R}_x(\gamma)=\begin{pmatrix}1 & 0 & 0\\ 0 & \cos\gamma & \sin\gamma\\ 0 & -\sin\gamma & \cos\gamma\end{pmatrix} \tag{3-14}$$

$$\boldsymbol{R}_y(\alpha)=\begin{pmatrix}\cos\alpha & 0 & -\sin\alpha\\ 0 & 1 & 0\\ \sin\alpha & 0 & \cos\alpha\end{pmatrix} \tag{3-15}$$

$$\boldsymbol{R}_z(\beta)=\begin{pmatrix}\cos\beta & \sin\beta & 0\\ -\sin\beta & \cos\beta & 0\\ 0 & 0 & 1\end{pmatrix} \tag{3-16}$$

对于上述 3 个基础旋转矩阵,其旋转次序不可忽略,旋转次序也称顺规,顺规可以自由组合。γ、β、α 角在不同的顺规中有不同的复合旋转矩阵结果,例如先绕 x 轴旋转 γ,或者先绕 y 轴旋转 β,最后会得出不同的复合旋转矩阵。一般情况下不同顺规完成的旋转效果相同,但当 y 轴旋转 90°时,会导致 x 轴和 z 轴重合而失去 x 轴的自由度,即万向节死锁(Gimbal Lock)。下面举例说明复合旋转矩阵的计算,zyx 顺规下的复合旋转矩阵为

$$\begin{aligned}&\boldsymbol{R}(\gamma,\alpha,\beta)\\ =&\boldsymbol{R}_x(\gamma)\boldsymbol{R}_y(\alpha)\boldsymbol{R}_z(\beta)\\ =&\begin{pmatrix}\cos(\alpha)\cos(\beta) & \cos(\alpha)\sin(\beta) & -\sin(\alpha)\\ -\cos(\gamma)\sin(\beta)+\sin(\gamma)\sin(\alpha)\cos(\beta) & \cos(\gamma)\cos(\beta)+\sin(\gamma)\sin(\alpha)\sin(\beta) & \sin(\gamma)\cos(\alpha)\\ \sin(\gamma)\sin(\beta)+\cos(\gamma)\sin(\alpha)\cos(\beta) & -\sin(\gamma)\cos(\beta)+\cos(\gamma)\sin(\alpha)\sin(\beta) & \cos(\gamma)\cos(\alpha)\end{pmatrix}\end{aligned} \tag{3-17}$$

结合初始航向角,对这 3 个加速度做一次积分运算可得到三维的速度信息,通过两次积分运算可得到三维的位置信息。

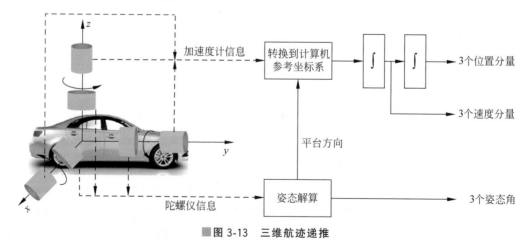

图 3-13　三维航迹递推

3.2.3 惯性导航定位系统误差分析

前面提到,惯性导航系统不与外界发生任何光电联系,仅靠系统本身就能对汽车进行连续三维定位和定向,其通过在内部所感知到的情况来推断外面的情况,使得惯性导航被称为"在盒子里导航"或"黑盒导航"。如图 3-14 所示,惯性导航系统中既有电子设备,又有机械结构,在外部冲击、振动等力学环境中,除了需要的加速和角速度之外,还有很多误差源[20]。本节介绍随机误差和固定误差。

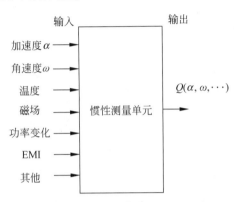

■图 3-14　惯性测量单元黑盒模型

1. 随机误差

（1）传感器白噪声误差。该噪声通常与电子噪声合在一起,可能是来自电源、半导体设备内部的噪声或数字化过程中的量化误差。

（2）变温误差。传感器的变温误差类似时变的加性噪声源,是由外部环境温度变化或内部热分布变化引起的。

（3）传感器随机游动误差。在惯性测量单元中,对随机游动噪声有具体要求,但大多数都针对其输出的积分,而不是输出本身。例如,来自速率陀螺仪的"角度随机游走"等同于角速度输出白噪声的积分。类似地,加速度计的"速度随机游走"等同于加速度计输出白噪声的积分。随机游动误差随着时间线性增大,其功率谱密度也随之下降。

（4）谐波误差。由于热量传输延迟,所以温度控制方法（如通风与空调系统）经常引入循环误差,这些都可在传感器输出中引入谐波误差,谐波周期取决于设备的尺寸大小。同样,主载体的悬挂和结构共振也引入了谐波加速度,它会对传感器中的加速度敏感误差源产生影响。

（5）闪烁噪声误差。闪烁噪声是陀螺仪零偏随时间漂移的主要因素。多数电子设备中都存在这种噪声,该噪声通常模型化为白噪声和随机游动的组合。

2. 固定误差

与随机误差不同,固定误差是可重复的传感器输出误差。常见的传感器误差模型如图 3-15 所示,包括:偏差,即输入为零时传感器的任何非零的输出;尺度因子误差,常来自标定偏差;非线性,不同程度地存在于多种传感器中;尺度因子符号不对称性,来自不匹配的推挽式的放大器;死区误差,通常由机械静摩擦力或死锁引起;量化误差,这在所有数字系统中是固有的。由于它可能存在于标准化环境中,当输入不变时它可能不是零均值的。

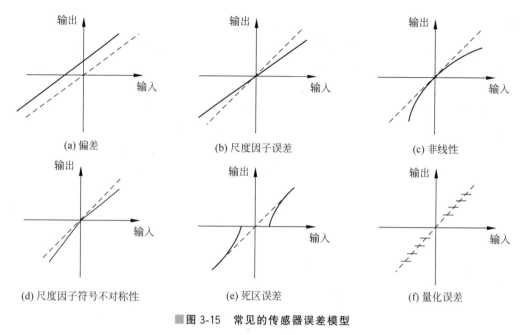

■图 3-15　常见的传感器误差模型

3.3　地图匹配定位技术

地图匹配定位技术是利用实时道路物理信息与预制高精度地图进行匹配来实现汽车定位的技术。在卫星定位、惯性导航系统出现明显误差时,即可利用地图匹配定位技术为自动驾驶汽车提供定位修正信息。本节将从地图匹配定位技术的简介、原理、误差分析以及地图匹配常用算法等方面进行介绍。

3.3.1　地图匹配定位技术简介

无论是 GNSS 定位还是惯性导航定位,自动驾驶汽车定位系统的误差都是不可避免的,定位结果通常偏离实际位置。引入地图匹配可以有效消除系统随机误差,校正传感器参数,弥补在城市高楼区、林荫道、立交桥、隧道中长时间 GNSS 定位失效而惯性导航系统误差急剧增大时的定位真空期。

地图匹配定位技术是指将自动驾驶汽车行驶轨迹的经纬度采样序列与高精度地图路网匹配的过程。地图匹配定位技术将汽车定位信息与高精度地图提供的道路位置信息进行比较,并采用适当的算法确定汽车当前的行驶路段以及在路段中的准确位置,校正定位误差[21],并为自动驾驶汽车实现路径规划提供可靠依据。

如图 3-16 所示,由于各种原因导致自动驾驶汽车定位信息存在误差,尽管汽车行驶在中间车道上,但定位结果与实际情况存在偏差,利用地图匹配定位技术可将汽车定位信息纠正回正确车道,提高定位精度。

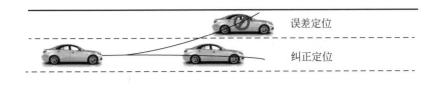

■图 3-16 地图匹配定位效果示意图

3.3.2 地图匹配定位技术原理

地图匹配定位是在已知汽车的位姿信息的条件下进行高精度地图局部搜索的过程。首先,利用汽车装载的 GNSS 和 INS 做出初始位置判断,确定高精度地图局部搜索范围。然后,将激光雷达实时数据与预先制作好的高精度地图数据变换到同一个坐标系内进行匹配,匹配成功后即可确认汽车定位信息。地图匹配定位流程图如图 3-17 所示。

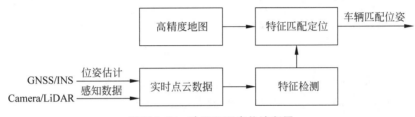

■图 3-17 地图匹配定位流程图

高精度地图的预制是地图匹配的基础,需包含特征明显的结构化语义特征和具有统计意义的信息。高精度地图中常用于地图匹配的特征主要包含车道线、停止线、导流线、路灯、电线杆等特征明显的物体,同时,还包括平均反射值、方差及平均高度值等具有统计意义的信息。下面将以示意图的方式说明地图匹配定位技术原理。

在自动驾驶过程中,位姿信息可能存在较大误差,不能满足自动驾驶定位精度要求[22],仅能确定其在道路上的大致位置,如图 3-18 所示。

■图 3-18 误差定位位姿图

图 3-18 中带有"不执行"符号的汽车表示不可用的、带有误差的 GNSS 或惯性导航系统定位位姿。根据实时感知数据进行环境特征的检测,主要检测对象是地面上的车道线与杆状物,并从高精度地图对应位置范围内提取对应的元素。实际匹配过程中,系统将检测出的车道线、护栏等道路特征与高精度地图提供的道路特征进行对比,修正汽车的横纵向定位,如图 3-19 和图 3-20 所示。图中不带有"不执行"符号的汽车为修正后的汽车定位位姿。

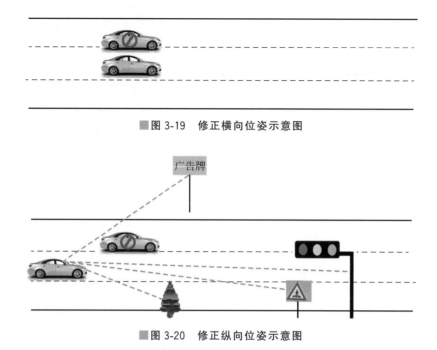

■ 图 3-19　修正横向位姿示意图

■ 图 3-20　修正纵向位姿示意图

如图 3-19 所示,GNSS 将汽车定位在前进方向的左侧车道,自动驾驶汽车利用传感器检测到的车道线信息与高精度地图数据进行匹配后,确定汽车位于前进方向中间车道,与GNSS 的定位结果存在差异,进而修正横向的位姿误差。如图 3-20 所示,纵向上修正主要提取传感器所检测到的广告牌、红绿灯、交通标志灯等道路元素与高精度地图进行匹配,可以修正汽车的纵向误差。

3.3.3　地图匹配定位误差分析

地图匹配定位误差主要由局部搜索范围正确性问题引起。局部搜索范围正确性即道路选择的正确性,是地图匹配中极大的影响因素之一,在选择道路正确的情况下,才能继续之后的地图匹配过程。造成道路选择错误的原因主要包括路况引起的误差、传感器误差、高精度地图误差及算法误差等方面。

1. 路况引起的误差

真实道路的情况复杂而多变,无法保证汽车在各种复杂路况上都能够正确地提取特征,并实现正确定位。车速变化将会影响传感器采集数据的质量,车速越快,质量越低,甚至产生运动模糊、失真等情况。在没有 INS 的定位系统中,各种路况下造成的汽车轮胎的漂移及地面颠簸等情况都可能使激光点云数据存在畸变、抖动和运动模糊等问题。与此同时,实际行驶情况中汽车有时会离开道路,这将导致道路匹配错误并引起误差。

2. 传感器误差

进行地图匹配需要利用传感器的量测信息(如激光雷达、摄像头),这些数据存在误差将直接影响定位速度与成功率。

3. 高精度地图误差

在实际使用中,一般默认高精度地图的精度比传感器获得的数据精度高,但实际上,高精度地图同样有可能存在较大误差。在地图数据本身存在误差时,即使在正确选择道路的情况下也会引入误差。

4. 算法误差

在地图匹配过程中不可避免地因算法存在的缺点导致发生错误匹配,发生错误匹配会对之后的地图匹配定位结果产生恶劣的影响。

3.3.4　地图匹配常用算法

任何一种地图匹配算法都涉及两个根本的问题:①当前汽车在哪一条道路上;②当前汽车在对应道路的哪一个位置。因此,地图匹配算法几乎都可以用式(3-18)进行形式化描述:

$$\hat{X}_n = f((X_0, X_1, X_2, \cdots, X_n)^\mathrm{T}, G(R, N)) \tag{3-18}$$

式中,X_n 表示 n 时刻汽车的原始状态信息,如定位数据、速度、行驶方向等;G 表示道路网络,由道路路段集 R 以及道路节点集 N 构成。根据不同的地图匹配特点,将地图匹配算法分为几何匹配算法、概率统计算法和其他高级算法。

1. 几何匹配算法

几何匹配算法包括点到点、点到弧和弧到弧的地图匹配算法[23]。

1) 点到点的地图匹配算法

点到点的地图匹配算法的原理即搜索汽车定位点与高精度地图中位置点之间几何距离最近的点作为匹配结果。该算法匹配精度取决于位置点集的数量,随着位置点集数量的增大,匹配精度更高,但占用的硬件资源也更多。点到点的地图匹配算法得到的匹配结果很可能会与实际情况不符,如在一条笔直道路上,待匹配 GNSS 点都会错误地匹配到道路两端的节点上,这样得到的匹配精度显然不符合实际使用要求。

2) 点到弧的地图匹配算法

通过寻找与汽车定位点几何距离最近的路段作为匹配线段,将汽车定位点投影到该线段上作为匹配结果。对于曲线则做线性化处理后进行投影,该算法只利用了部分数据,当两条曲线距离较小或相同时极易造成误匹配,在路网密度大时匹配的结果的精度就会锐减,此时的算法缺乏稳定性。

3) 弧到弧的地图匹配算法

将连续的汽车定位点组成一条轨迹曲线,寻找与这条曲线最近的匹配弧线作为匹配线段。由于最近路段的寻找方法是基于匹配路段与定位点的最小距离,所以,若某定位点与非正确匹配线段非常近,将导致严重误差。

2. 概率统计算法

概率统计算法通过在汽车导航定位系统中获得的历史轨迹,建立置信区域米与高精度地图进行匹配。置信区域参考 GNSS 误差、汽车航迹、汽车速度及道路信息等进行选取,与高精度地图匹配后采取最近距离原则来确定匹配线段。

一个完整的基于概率统计的地图匹配算法包括三个主要的处理过程,即确定误差区域、选取候选路段和计算匹配位置。基于概率统计算法地图匹配的一般过程如图 3-21 所示。

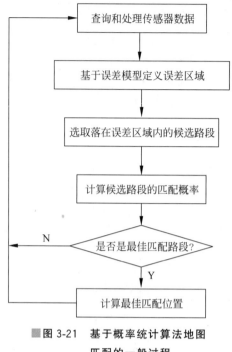

■图 3-21　基于概率统计算法地图
匹配的一般过程

误差区域是指可能包含汽车真实位置的区域范围,它应根据传感器定位结果和误差情况确定。在误差区域内的道路称为候选路段,地图匹配算法认为其中包含了汽车的真实位置。匹配路段的选取方法是从候选路段中挑选最有可能的汽车行驶路段,挑选原则依据具体的算法设计而不同,通常,挑选参考量是高精度地图中的道路形状与汽车轨迹的相似程度。确定匹配路段后,计算汽车在该路段中最可能的位置,并用匹配结果修正原有的定位信息并输出。

3. 其他高级算法

除了上述两种地图匹配算法外,还有非参数滤波算法和参数滤波算法等。非参数滤波算法包括了直方图滤波(Histogram Filter,HF)和粒子滤波(Particle Filter,PF)等。参数滤波算法包括卡尔曼滤波、扩展卡尔曼滤波(Extended Kalman Filter,EKF)、信息滤波(Information Filter,IF)、扩展信息滤波(Extended Information Filter,EIF)等。这些算法在固定场景下有很高的匹配准确率,但需要大量的数据进行参数的前期学习和总结,对系统的要求较高。

3.4　多传感器融合定位技术

由于 GNSS 定位信息更新频率低,不能满足自动驾驶中实时性的要求,且定位信号会因隧道、建筑群等障碍物的遮挡而中断。而 INS 中配备高频传感器,一定时间内可以提供连续的较高精度的汽车位置、速度和航向信息,但其定位误差会随着系统运行时间累积而剧增。将 GNSS 与 INS 相结合,可以利用 GNSS 提供的不随时间增加的高精度定位来纠正 INS 的累积定位误差[24]。同时,INS 可以解决 GNSS 特定场景易受影响的问题[25]。通过结合这两种系统的优点,就能得到实时和精准的定位。如果再与地图匹配技术相结合,利用高精度地图提供的信息,可进一步提高定位精度[26]。

要实现多个定位系统融合,提高定位精度,设计一种融合多个传感器数据的系统尤为重要。本节将从多传感器融合系统简介、系统原理、误差分析以及融合算法等方面对多传感器融合定位系统进行介绍。

3.4.1 多传感器融合定位系统简介

多传感器融合是 20 世纪 80 年代出现的一门新兴学科,它是将不同传感器对某一目标或环境特征描述的信息融合成统一的特征表达信息及其处理的过程。在多传感器系统中,各种传感器提供的信息可能具有不同的特征,如模糊的与确定的、时变的与非时变的、实时的与非实时的等。多传感器数据融合实际上是模拟人脑综合处理复杂问题的过程[27],通过对各种传感器及其观测信息的合理支配与使用,将各种传感器在空间和时间上的互补与冗余信息,依据某种优化准则加以组合,产生对观测环境或对象的一致性解释和描述,实现多个传感器共同或联合操作,提高整个传感器系统的有效性。数据融合的目标是利用各种传感器的独立观测信息,对数据进行多级别、多方位和多层次的处理,产生新的有意义的信息,这种信息是最佳协同作用的结果,是任何单一传感器无法获得的。

自动驾驶汽车定位的主要模式有 DR、GNSS、GNSS/DR 组合定位模式。在系统精度要求不高的前提条件下可以单独使用这 3 种定位模式。为了进一步提高定位系统的精度,保障自动驾驶的安全,在上述 3 种定位模式中引入了地图匹配,可组合产生出新的 3 种定位模式: DR/MM、GNSS/MM、GNSS/DR/MM。多传感器融合定位系统可在 6 种模式中自动切换以提高整个系统的定位精度和可靠性。接下来对多传感器融合系统体系结构以及系统分层进行介绍。

1. 多传感器融合定位系统体系结构

多传感器融合定位系统体系结构主要包括松耦合(Loose Coupling)、紧耦合(Tight Coupling)以及深耦合(Deep Coupling)等组合结构[28-29]。

1) 松耦合

在松耦合系统里,GNSS 给 INS 提供位置信息,二者硬件上相互独立且可随时断开连接,分别输出定位信息与速度信息到融合滤波器,融合滤波器进行优化处理后将结果反馈给惯性导航系统对其修正后进行输出。GNSS/INS 松耦合系统原理图如图 3-22 所示。

2) 紧耦合

紧耦合系统是将由 GNSS 码环与载波跟踪环解算得到的伪距、伪距率与由惯性导航系统结合自身信息和卫星星历进行计算得到的伪距、伪距率做差,得到伪距与伪距率的测量残差,将其作为融合滤波器的输入观测量,得到惯性导航系统计算误差以及传感器偏差以完成对惯性导航系统的校正并获得位置与速度的最优估计值。GNSS/INS 紧耦合系统原理图如图 3-23 所示。

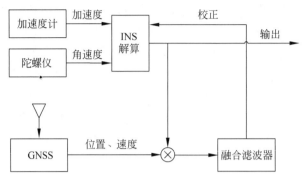

■ 图 3-22 GNSS/INS 松耦合系统原理图

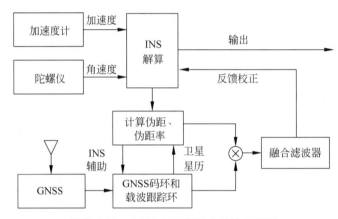

■ 图 3-23 GNSS/INS 紧耦合系统原理图

3) 深耦合

深耦合系统相对于紧耦合系统,增加了 INS 单元对 GNSS 接收机的辅助。利用 INS 单元结合星历信息可以对伪距与载波的多普勒频移进行估计,利用估计结果辅助接收机的捕获与跟踪环路,可以有效地提高 GNSS 接收机跟踪环路的动态性与灵敏度。

2. 多传感器融合定位系统分层

如图 3-24 所示,按照信息处理的流程,可将多传感器融合定位系统划分为数据层融合、特征层融合和决策层融合[30]。

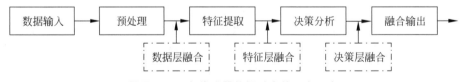

■ 图 3-24 多传感器数据融合的 3 个层次

1) 数据层融合

数据层融合也称像素级融合,首先将传感器的观测数据融合,然后从融合的数据中提取特征向量,并进行判断识别。数据层融合需要传感器是同质的(传感器观测的是同一物理量),如果多个传感器是异质的(传感器观测的不是同一个物理量),那么数据只能在特征层或决策层进行融合。数据层融合不存在数据丢失的问题,得到的结果也是最准确的,但计算量大,且对系统通信带宽的要求很高。

2）特征层融合

特征层融合属于中间层次,先从每种传感器提供的观测数据中提取有代表性的特征,这些特征融合成单一的特征向量,然后运用模式识别的方法进行处理。这种方法的计算量及对通信带宽的要求相对较低,但部分数据的舍弃使其准确性有所下降。

3）决策层融合

决策层融合指在每个传感器对目标做出识别后,再将多个传感器的识别结果进行融合,属于高层次的融合。决策层融合由于对可能包含误差的传感器数据进行再处理,产生的结果相对而言最不准确,但其计算量及对通信带宽的要求最低。

3.4.2 多传感器融合定位系统原理

多传感器融合定位系统的输入主要来自 GNSS-RTK、惯性导航系统和地图匹配定位系统。融合定位系统对其数据进行预处理、数据配准和数据融合等处理后,可输出汽车自身的速度、位置和姿态信息。图 3-25 所示为多传感器融合定位流程示意图。

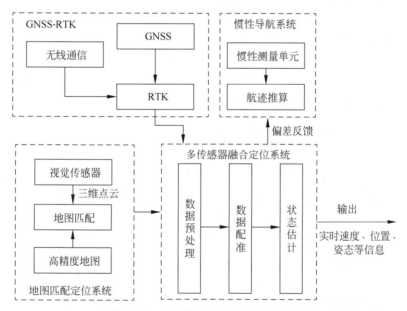

■图 3-25　多传感器融合定位流程示意图

数据预处理可以考虑为传感器初始化及校准,传感器初始化相对于系统坐标独立地校准每一个传感器。一旦完成了传感器初始化,就可以利用各传感器对共同目标采集得到的数据进行数据配准。所谓数据配准,就是把来自一个或多个传感器的观测或点迹数据与已知或已经确认的事件归并到一起,保证每个事件集合所包含的观测与点迹数据来自同一个实体的概率较大。具体地说,就是要把每批目标的观测或点迹数据与事件集合中各自的数据配对[31]。在传感器配准过程中,收集足够的数据点来计算系统偏差,计算得到的系统偏差用来调整随后得到的传感器数据。其中,传感器的配准主要包括时间配准和空间配准两个方面[32]。

1. 时间配准

时间配准,就是将关于同一目标的各传感器不同步的量测信息同步到同一时刻。由于各传感器对目标的量测是相互独立进行的,且采样周期(如惯性测量单元和激光雷达的采样周期)往往不同,所以它们向数据处理中心报告的时刻往往也是不同的。另外,由于通信网络的不同延迟,各传感器和融合处理中心之间传送信息所需的时间也各不相同,因此,各传感器上数据的发送时间有可能存在时间差,所以融合处理前需将不同步的信息配准到相同的时刻。

时间配准的一般做法是将各传感器数据统一到扫描周期较长的一个传感器数据上[33],目前,常用的方法包括最小二乘法(Least Squares,LS)和内插外推法[34]。这两种方法都对目标的运动模型做了匀速运动的假设,对于做变加速运动的目标,配准效果往往很差。下面仅对基于最小二乘法的时间配准法做简单介绍[35]。

假设有两类传感器,分别表示为传感器 1 和传感器 2,其采样周期分别为 τ 和 T,且两者之比为 $\tau : T = n$,如果第一类传感器 1 对目标状态的最近一次更新时刻为 t_{k-1},下一次更新时刻为 $t_k = t_{k-1} + nT$,这就意味着在传感器 1 连续两次目标状态更新之间传感器 2 有 n 次量测值。因此可采用最小二乘法,将传感器 2 的 n 次量测值进行融合,就可以消除由于时间偏差而引起的对目标状态量测的不同步,从而消除时间偏差对多传感器数据融合造成的影响。

用 $\boldsymbol{Z}_n = [z_1, z_2, \cdots, z_n]^T$ 表示传感器 2 在 $t_{k-1} \sim t_k$ 时刻的 n 个位置量测构成的测量矩阵,z_n 和传感器 1 在 t_k 时刻的量测值同步,若用 $\boldsymbol{U} = [z, \dot{z}]^T$ 表示 $z_1, z_2, \cdots, z_n$ 融合以后的量测值及其导数构成的列向量,则传感器 2 的量测值 z_i 可以表示为

$$z_i = z + (i - n)T\dot{z} + v_i, \quad i = 1, 2, \cdots, n \tag{3-19}$$

式中,v_i 表示量测噪声。将上式改写为向量形式:

$$\boldsymbol{Z}_n = \boldsymbol{W}_n \boldsymbol{U} + \boldsymbol{V}_n \tag{3-20}$$

其中 $\boldsymbol{V}_n = [v_1, v_2, \cdots, v_n]^T$,其均值为零,协方差阵为

$$\mathrm{cov}(\boldsymbol{V}_n) = \mathrm{diag}\{\sigma_r^2, \sigma_r^2, \cdots, \sigma_r^2\} \tag{3-21}$$

其中,σ_r^2 为融合以前的位置量测噪声方差,同时有

$$\boldsymbol{W}_n = \begin{bmatrix} 1 & 1 & \cdots & 1 \\ (1-n)T & (2-n)T & \cdots & (n-n)T \end{bmatrix}^T \tag{3-22}$$

根据最小二乘准则得到目标函数:

$$J = \boldsymbol{V}_n^T \boldsymbol{V}_n = [\boldsymbol{Z}_n - \boldsymbol{W}_n \hat{\boldsymbol{U}}]^T [\boldsymbol{Z}_n - \boldsymbol{W}_n \hat{\boldsymbol{U}}] \tag{3-23}$$

要使 J 为最小,在 J 两边对 $\hat{\boldsymbol{U}}$ 求偏导数并令其等于零:

$$\frac{\partial J}{\partial \hat{\boldsymbol{U}}} = -2(\boldsymbol{W}_n^T \boldsymbol{Z}_n - \boldsymbol{W}_n^T \boldsymbol{W}_n \hat{\boldsymbol{U}}) = 0 \tag{3-24}$$

从而有

$$\hat{\boldsymbol{U}} = [\hat{\dot{z}}, \hat{z}] = (\boldsymbol{W}_n^T \boldsymbol{W}_n)^{-1} \boldsymbol{W}_n^T \boldsymbol{Z}_n \tag{3-25}$$

相应的误差协方差阵为

$$\boldsymbol{R}_{\hat{\boldsymbol{U}}} = (\boldsymbol{W}_n^T \boldsymbol{W}_n)^{-1} \sigma_r^2 \tag{3-26}$$

对传感器 2 的 n 个量测值进行融合得 t_k 时刻的量测值及量测噪声方差分别为

$$\hat{z}_{t_k} = c_1 \sum_{i=1}^{n} z_i + c_2 \sum_{i=1}^{n} i \cdot z_i \qquad (3\text{-}27)$$

$$\mathrm{var}[\hat{z}_{t_k}] = \frac{2\sigma_r^2(2n+1)}{n(n+1)} \qquad (3\text{-}28)$$

式中 $c_1 = -2/n$，$c_2 = 6/[n(n+1)]$。

2. 空间配准

空间配准，就是借助于多传感器对空间共同目标的量测结果对传感器的偏差进行估计和补偿。对于同一系统内采用不同坐标系的各传感器的量测值，定位时必须将它们转换成同一坐标系中的数据，对于多个不同子系统，各子系统采用的坐标系是不同的，所以在融合处理各子系统间信息前，也需要将它们转换到同一量测坐标系中，而处理后还需将结果转换成各子系统坐标系的数据，再传送给各个子系统[34]。

如图 3-26 所示，由于传感器 1(传感器 2)存在斜距和方位角偏差 Δr_1、$\Delta \theta_1$(Δr_2、$\Delta \theta_2$)，导致在系统平面上出现两个目标，而实际上只有一个真实目标，所以需要进行空间配准[36]。配准过程如图 3-27 所示。

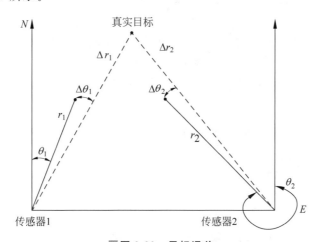

■图 3-26 目标误差

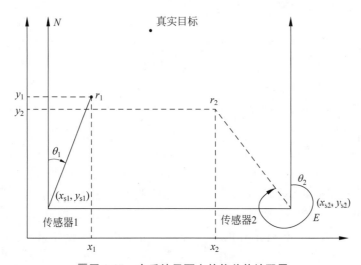

■图 3-27 在系统平面上的偏差估计配置

图 3-27 中,r_1、θ_1 分别表示传感器 1 的斜距和方位角量测值;r_2、θ_2 分别表示传感器 2 的斜距和方位角量测值;(x_{s1},y_{s1}) 表示传感器 1 在导航坐标平面上的位置;(x_{s2},y_{s2}) 表示传感器 2 在导航坐标平面上的位置;(x_1,y_1) 表示传感器 1 在导航坐标系上的量测值;(x_2,y_2) 表示传感器 2 在导航坐标系上的量测值。从图 3-27 可以推导出如下基本方程:

$$\begin{cases} x_1 = x_{s1} + r_1\sin\theta_1 \\ y_1 = y_{s1} + r_1\cos\theta_1 \\ x_2 = x_{s2} + r_2\sin\theta_2 \\ y_2 = y_{s2} + r_2\cos\theta_2 \end{cases} \tag{3-29}$$

如果忽略噪声,则有

$$\begin{cases} r_1 = r_1' + \Delta r_1 \\ \theta_1 = \theta_1' + \Delta\theta_1 \\ r_2 = r_2' + \Delta r_2 \\ \theta_2 = \theta_2' + \Delta\theta_2 \end{cases} \tag{3-30}$$

其中,r_1'、θ_1' 分别表示目标相对于传感器 1 的真实斜距和方位角;r_2'、θ_2' 分别表示目标相对于传感器 2 的真实斜距和方位角;Δr_1、$\Delta\theta_1$ 表示传感器 1 的斜距和方位角偏差;Δr_2、$\Delta\theta_2$ 表示传感器 2 的斜距和方位角偏差。将式(3-30)代入式(3-29),并且将所得到的方程相对于 Δr_1、$\Delta\theta_1$ 和 Δr_2、$\Delta\theta_2$ 进行一阶泰勒级数展开,可得

$$\begin{cases} x_1 - x_2 \approx \sin\theta_1\Delta r_1 - \sin\theta_2\Delta\theta_2 + r_1\cos\theta_1\Delta\theta_1 - r_2\cos\theta_2\Delta\theta_2 \\ y_1 - y_2 \approx \cos\theta_1\Delta r_1 - \cos\theta_2\Delta r_2 - r_1\sin\theta_1\Delta\theta_1 + r_2\sin\theta_2\Delta\theta_2 \end{cases} \tag{3-31}$$

式(3-31)对与目标运动航迹无关的偏差估计方法提供了基础。

常用的与目标运动航迹无关的偏差估计方法主要有实时质量控制法(Real Time Quality Control,RTQC)、最小二乘法、极大似然法(Maximum Likelihood,ML)和基于卡尔曼滤波器的空间配准算法等。在给出的几种算法中,实时质量控制法和最小二乘法完全忽略了传感器量测噪声的影响,认为公共坐标系中的误差来源于传感器配准误差(传感器偏差)。广义最小二乘法(Generalized Least Square,GLS)和基于卡尔曼滤波器的方法虽然考虑了传感器量测噪声的影响,但只有在量测噪声相对小时,才会产生好的性能。为了克服前两种局限性,提出了精确极大似然(Exact Maximum Likelihood,EML)空间配准算法。

尽管前面已经介绍了多种不同的配准算法,但它们都是基于立体投影在一个二维区域平面上实现的。更确切地说,首先通过立体投影技术把传感器量测投影到与地球正切的局部传感器坐标上,然后变换到区域平面,并利用不同传感器量测之间的差异来估计传感器偏差。虽然立体投影能够减轻单个配准算法的计算复杂度,但这一方法还有一些缺点。首先,立体投影给局部传感器和区域平面的量测都引入了误差。尽管更高阶的近似可以将变换的精度保证到几米,但由于地球本身是一个椭圆形球而不是一个圆柱,因此地球非正圆球体造成的误差仍然存在。其次,立体投影扭曲了数据,值得注意的是立体投影的保角性只能保留方位角,而不能保留斜距。由此可以断定系统偏差将会依赖于量测,而不再是不变的。这样,在区域平面上的二维配准模型就不能正确地表示实际的传感器模型。这时,一种直接在三维空间中对传感器偏差进行估计的基于地心坐标系的空间配准(Earth Centered Earth Fixed,ECEF)算法被提出以解决上述问题。若读者想深入了解可参考其他相关资料。

3.4.3　多传感器融合误差分析

在多传感器融合系统中,来自多个传感器的数据通常要变换到相同的时空参照系中[37]。但由于存在量测误差,直接进行变换很难保证精度来发挥多传感器的优越性,因此在对多传感器数据进行处理时需要寻求一些传感器的配准算法,但配准误差也随之而来。

多传感器配准误差的主要来源有[38]:

(1) 传感器的误差,也就是传感器本身因制造误差带来的偏差。

(2) 各传感器参考坐标中量测的方位角、高低角和斜距偏差。通常是因量测系统解算传感器数据时造成的误差。

(3) 相对于公共坐标系的传感器的位置误差和计时误差。位置误差通常由传感器导航系统的偏差引起,而计时误差由传感器的时钟偏差所致。

(4) 各传感器采用的定位算法不同,从而引起单系统内局部定位误差。

(5) 各传感器本身的位置不确定,为融合处理而进行坐标转换时产生偏差。

(6) 坐标转换的精度不够,为了减少系统的计算负担而在投影变换时采用了一些近似方法(如将地球视为标准的球体等)所导致的误差。

由于以上原因,同一个目标由不同传感器定位产生的航迹就有一定的偏差。这种偏差不同于单传感器定位时对目标的随机量测误差,它是一种固定的偏差(至少在较长时间段内不会改变)。对于单传感器来说,目标航迹的固定偏差对各个目标来说都是一样的,只是产生一个固定的偏移,并不会影响整个系统的定位性能。而对于多传感器系统来说,本来是同一个目标的航迹,却由于相互偏差较大而被认为是不同的目标,从而给航迹关联和融合带来了模糊和困难,使融合处理得到的系统航迹的定位精度下降,丧失了多传感器处理本身应有的优点。

3.4.4　多传感器融合算法

实现多传感器融合定位的算法有很多种[39],下面首先简要介绍一下各种数据融合算法及其优缺点。其中,卡尔曼滤波算法作为一种经典算法,由于其实时性强、融合精度高等优点,在自动驾驶领域中被广泛使用,下面将重点介绍卡尔曼滤波技术。

1. 数据融合算法概述

目前,融合算法可概括为随机类和人工智能类。随机类多传感器数据融合算法主要有综合估计法、贝叶斯估计法、D-S证据推理、最大似然估计、最优估计、卡尔曼滤波算法及鲁棒估计等。人工智能类多传感器数据融合算法主要有模糊逻辑法、神经网络算法以及专家系统等。下面简介上述算法[40]。

用某种适当的模型来描述一个实际的物理系统,对分析、研究该物理系统是非常重要的。在导航、信号处理、通信、雷达、声呐等许多实际工程应用中,经常采用动态空间模型来描述其中的许多问题[41]。动态空间模型是一个很重要的统计分析工具,如卡尔曼滤波器采用的高斯-马尔可夫线性模型就是一个很好的例子,它用状态方程(动力学方程)来描述状态随时间演变的过程,而用观测方程来描述与状态有关的噪声变量[42]。同样地,只要将高斯-马尔可夫线性模型写成一般的数学映射,就可以用这两个方程来描述更一般的动态系统:

$$状态方程：X_k = f(X_{k-1}, W_k) \tag{3-32}$$

$$观测方程：L_k = h(X_k, V_k) \tag{3-33}$$

式(3-32)和式(3-33)被称为动态空间模型。其中，$X_k \in \mathbf{R}^{k_x}$ 为系统在 k 时刻的状态，$L_k \in \mathbf{R}^{k_x}$ 为系统状态 X_k 的观测值；W_k、V_k 分别为过程和观测噪声。

（1）综合平均法。该算法是把来自多个传感器的众多数据进行综合平均。它适用于用同样的传感器检测同一个目标的情况。如果对一个检测目标进行了 k 次检测，其平均值 $\overline{S} = \sum_{i=1}^{k} W_i S_i \Big/ \sum_{i=1}^{k} W_i$，$W_i$ 为分配给第 i 次检测的权值。

（2）贝叶斯估计法。贝叶斯估计理论是较经典的统计估计理论，具有更大的优势，逐渐成为科学界推理的一个重要工具，提供了一种与传统算法不同的概率分布形式的估计。贝叶斯推理技术主要用来进行决策层融合。贝叶斯估计法通过先验信息和样本信息合成为后验分布，对检测目标做出推断。因此贝叶斯估计是一个不断预测和更新的过程。这样就包括了观测值和先验知识在内的所有可以利用的信息，得到的估计误差自然较小。

（3）D-S证据推理。D-S证据推理是目前数据融合技术中比较常用的一种算法，该算法通常用来对检测目标的大小、位置以及存在与否进行推断，采用概率区间和不确定区间决定多证据下假设的似然函数来进行推理[43]。提取的特征参数构成了该理论中的证据，利用这些证据构造相应的基本概率分布函数，对于所有的命题赋予一个信任度。基本概率分布函数及其相应的分辨框合称为一个证据体。因此，每个传感器就相当于一个证据体。而多个传感器数据融合，实质上就是在同一分辨框下，利用 Dempster 合并规则将各个证据体合并成一个新的证据体，产生新证据体的过程就是 D-S 证据推理数据融合。

（4）卡尔曼滤波算法。卡尔曼滤波在控制领域得到广泛应用以后，也逐渐成为多传感器数据融合系统的主要技术手段之一。联合卡尔曼滤波器的设计思想是先分散处理、再全局融合，即在诸多非相似子系统中选择一个信息全面、输出速率高、可靠性绝对保证的子系统作为公共参考系统，与其他子系统两两结合，形成若干子滤波器。各子滤波器并行运行，获得建立在子滤波器局部观测基础上的局部最优估计，这些局部最优估计在主滤波器内按融合算法合成，从而获得建立在所有观测基础上的全局估计。

（5）模糊逻辑法。针对数据融合中所检测的目标特征具有某种模糊性的现象，利用模糊逻辑算法来对检测目标进行识别和分类。建立标准检测目标和待识别检测目标的模糊子集是此算法的研究基础。

（6）神经网络算法。神经网络是一种试图仿效生物神经系统处理信息方式的新型计算模型。一个神经网络由多层处理单元或节点组成，可以用各种方法互联。在指挥和控制多传感器数据融合的系统中，神经网络的输入可能是与一个目标有关的测量参数集，输出可能是目标身份，也可能是推荐的响应或行动。基于神经网络的融合优于传统的聚类算法，尤其是当输入数据中带有噪声和数据不完整时。然而，要使神经网络算法在实际的融合系统中得到应用，无论在网络结构设计或是算法规则方面，还有许多基础工作要做，如网络模型、网络的层次和每层的节点数、网络学习策略、神经网络算法与传统分类算法的关系和综合应用等。

（7）专家系统。专家系统是一组计算机程序，它获取专家们在某个特定领域内的知识，然后根据专家的知识或经验导出一组规则，由计算机做出本应由专家做出的结论。目前，专家系统已在军用和民用领域得到了广泛应用。

此外,其他数据融合算法还有品质因数、模板算法、聚合分析、统计决策理论等。各种融合算法的特点比较如表 3-2 所示。

表 3-2 各种融合算法的特点比较

融合算法	运行环境	信息类型	信息表示	不确定性	融合技术	适用范围
综合平均法	动态	冗余	原始读数值	—	加权平均	低层融合
贝叶斯估计法	静态	冗余	概率分布	高斯噪声	贝叶斯估计	高层融合
D-S 证据推理	静态	冗余互补	命题	—	逻辑推理	高层融合
卡尔曼滤波	动态	冗余	概率分布	高斯噪声	系统模型滤波	低层融合
模糊逻辑法	静态	冗余互补	命题	隶属度	逻辑推理	高层融合
神经网络算法	动、静态	冗余互补	神经元输入	学习误差	神经元网络	低/高层融合
专家系统	静态	冗余互补	命题	置信因子	逻辑推理	高层融合

2. 卡尔曼滤波算法

鉴于卡尔曼滤波算法在多传感器融合定位系统中使用的普遍性,本节将单独就卡尔曼滤波算法及自动驾驶中常用的改进卡尔曼滤波算法进行详细介绍[44]。首先介绍卡尔曼滤波的基本方法,接着介绍针对非线性系统改进的扩展卡尔曼滤波,最后介绍在自动驾驶中常用的联邦卡尔曼滤波。

1960 年,卡尔曼第一次发表了介绍卡尔曼滤波算法的论文[45]。而卡尔曼滤波算法的第一次实际应用则是将惯性导航器与 C5A 军用飞机上的机载雷达集成在一起[46]。卡尔曼滤波算法被称为"导航组合的驮马"[47],因为其已经成了现代导航系统的必要部分,特别是对于像 GNSS 和 INS 这样完全不同的系统进行组合导航的系统。卡尔曼滤波可分为线性卡尔曼滤波[48]、扩展卡尔曼滤波[49]、级联式和联邦式卡尔曼滤波[50]、无迹卡尔曼滤波[51]等,下面将详细阐述卡尔曼滤波的原理。

1) 最小方差估计

最小方差估计是指以均方误差最小作为估计准则的估计,即满足式(3-34)。

$$E\{[\boldsymbol{X} - \hat{\boldsymbol{X}}(\boldsymbol{Z})][\boldsymbol{X} - \hat{\boldsymbol{X}}(\boldsymbol{Z})]^{\mathrm{T}}\} \leqslant E\{[\boldsymbol{X} - r(\boldsymbol{Z})][\boldsymbol{X} - r(\boldsymbol{Z})]^{\mathrm{T}}\} \tag{3-34}$$

式中,$\boldsymbol{X}$ 为 m 维系统状态变量矢量;$\boldsymbol{Z}$ 为 n 维观测矢量;$\hat{\boldsymbol{X}}(\boldsymbol{Z})$ 为用观测矢量 $\boldsymbol{Z}$ 计算得出的关于 $\boldsymbol{X}$ 的最小方差估计;$E\{\cdot\}$ 表示取均值;$r(\boldsymbol{Z})$ 表示由其他方法得到的 $\boldsymbol{X}$ 的估计值。容易证明,最小方差估计是无偏的,即残差的均值为 0,满足式(3-35)。

$$E\{\tilde{\boldsymbol{X}}\} = E\{\boldsymbol{X} - \hat{\boldsymbol{X}}(\boldsymbol{Z})\} = 0 \tag{3-35}$$

同样容易证明,最小方差估计的均方误差就是估计误差的方差,即

$$E\{\tilde{\boldsymbol{X}}\tilde{\boldsymbol{X}}^{\mathrm{T}}\} = E\{[\tilde{\boldsymbol{X}} - E(\tilde{\boldsymbol{X}})][\tilde{\boldsymbol{X}} - E(\tilde{\boldsymbol{X}})]^{\mathrm{T}}\} \tag{3-36}$$

为了求得 $\boldsymbol{X}$ 的最小方差估计,必须首先得到 $\boldsymbol{X}$ 的条件概率密度,对于工程中的实际应用而言,系统状态的各种条件概率密度是很不容易得到的,因此这种估计方法的应用受到一定的限制[52]。

2) 卡尔曼滤波的估计

如果将估计值 $\hat{\boldsymbol{X}}(\boldsymbol{Z})$ 规定为观测矢量 $\boldsymbol{Z}$ 的线性函数,即

$$\hat{X}(Z) = AZ + b \tag{3-37}$$

式中,A 和 b 分别是 $m \times n$ 阶的矩阵和 n 维矢量。A 值和 b 值仍旧按照最小方差估计来选择,则这样的估计被称为线性最小方差估计[53]。可以证明,这种估计只需要知道被估计值 X 和观测值的一、二阶统计特性,所以它比最小方差估计更加实用,尽管它的估计精度一般小于最小方差估计。

对于动态系统,工程上常常要求由 t 时刻的量测值 $Z(t)$ 计算出该时刻状态 $X(t)$ 的估计 $\tilde{X}$,由于 $X(t)$ 是历史时刻的状态按照系统转移规律发展过来的,与历史时刻的状态有关联,所以,利用 t 时刻和历史时刻的所有观测值对 $X(t)$ 进行估计,将有助于提高估计精度。但是对于最小方差估计和线性最小方差估计而言,由于计算方法的限制,同时处理不同时刻的观测值而得到 t 时刻估计值的计算量太大。因此,这两种估计方法不适合估计动态系统的状态。

卡尔曼滤波是一种递推线性最小方差估计,它的估计准则仍是方差最小估计技术。在工程技术中,为了解工程对象(系统)的各个物理量(状态),或者为了达到控制工程对象的目的,必须采用测量手段对系统的各个状态进行测量,由于观测值可能是系统的部分状态或其线性组合,且包含随机误差(也称观测噪声),最优的估计能将仅与部分相关的观测值进行处理,从而得到统计意义上估计误差最小的更多状态的估计。因此,卡尔曼滤波是一种递推线性最小方差估计,它的估计值是观测值的线性函数,满足式(3-36)。并且,只要包含初始估计值在内的滤波算法初值选择正确,它的估计也是无偏的。在计算方法上,卡尔曼滤波采用了递推模型,即在历史估计值的基础上,根据 t 时刻的观测值,递推得到 t 时刻的状态估计 $\hat{X}(t)$。由于历史时刻中每一时刻的估计值又是根据其历史时刻的观测值得到,所以,这种递推算法的估计值可以说是综合利用了 t 时刻和 t 时刻以前的所有观测信息得到,并且一次仅处理一个时刻的观测值,使计算量大为减少。因为卡尔曼滤波是用状态方程和观测方程来描述系统和观测值的,所以它主要适用于线性动态系统。

3) 卡尔曼滤波方程

虽然工程对象一般都是连续系统,但是卡尔曼滤波常常采用离散化模型来描述系统,以便于计算机进行处理。离散系统就是用离散化后的差分方程来描述连续系统。假设离散化后的系统状态方程和观测方程为

$$\begin{cases} X_k = \boldsymbol{\Phi}_{k,k-1} X_{k-1} + \boldsymbol{\Gamma}_{k-1} W_{k-1} \\ Z_k = H_k X_k + V_k \end{cases} \tag{3-38}$$

式中,X_k 为 k 时刻的 n 维状态矢量,也是被估计矢量;Z_k 为 k 时刻的 m 维观测矢量;$\boldsymbol{\Phi}_{k,k-1}$ 为 $k-1$ 时刻到 k 时刻的系统一步转移矩阵($n \times n$);W_{k-1} 为 $k-1$ 时刻的系统噪声(r 维),$\boldsymbol{\Gamma}_{k-1}$ 为系统噪声矩阵($n \times r$),它表征由 $k-1$ 时刻到 k 时刻的各个系统噪声分别影响各个状态的程度;H_k 为 k 时刻的观测矩阵($m \times n$);V_k 为 k 时刻的 m 维观测噪声。卡尔曼滤波要求 $\{W_k\}$ 和 $\{V_k\}$ 是互不相关的零均值的高斯白噪声序列,有

$$\begin{cases} E\{W_k W_j^{\mathrm{T}}\} = Q_k \delta_{kj} \\ E\{V_k V_j^{\mathrm{T}}\} = R_k \delta_{kj} \end{cases} \tag{3-39}$$

式中,Q_k 和 R_k 分别为系统噪声和观测噪声的方差矩阵,在卡尔曼滤波中要求它们分别是已

知值的非负矩阵和正定矩阵；δ_{kj} 是狄利克雷函数，即

$$\delta_{kj} = \begin{cases} 0, & k \neq j \\ 1, & k = j \end{cases} \tag{3-40}$$

初始状态的一、二阶统计特性为

$$\begin{cases} E\{\boldsymbol{X}_0\} = m_{x_0} \\ \text{var}\{\boldsymbol{X}_0\} = C_{x_0} \end{cases} \tag{3-41}$$

式中，var{ • }表示求方差，卡尔曼滤波要求 m_{x_0} 和 C_{x_0} 为已知量，且要求 $\boldsymbol{X}_0$ 与$\{\boldsymbol{W}_k\}$以及$\{\boldsymbol{V}_k\}$都互不相关。

4）离散卡尔曼滤波的计算流程

由递推的观点看，假如在 $k-1$ 时刻已经获得了对 $\boldsymbol{X}_{k-1}$ 的最优估计值 $\hat{\boldsymbol{X}}_{k-1}$，并且在 k 时刻又观测到 $\boldsymbol{Z}_k$，则当前时刻 k 的最优估计 $\hat{\boldsymbol{X}}_k$ 可以用两者的线性组合表示[33]，即

$$\hat{\boldsymbol{X}}_k = \boldsymbol{A}\hat{\boldsymbol{X}}_{k-1} + \boldsymbol{B}\boldsymbol{Z}_k \tag{3-42}$$

式中，$\boldsymbol{A}$、$\boldsymbol{B}$ 待定但需保证不同维，满足

$$E((\boldsymbol{X}_k - (\boldsymbol{A}\hat{\boldsymbol{X}}_{k-1} + \boldsymbol{B}\boldsymbol{Z}_k))(\boldsymbol{X}_k - (\boldsymbol{A}\hat{\boldsymbol{X}}_{k-1} + \boldsymbol{B}\boldsymbol{Z}_k))^{\mathrm{T}})$$
$$\leqslant E((\boldsymbol{X}_k - (\widetilde{\boldsymbol{A}}\hat{\boldsymbol{X}}_{k-1} + \widetilde{\boldsymbol{B}}\boldsymbol{Z}_k))(\boldsymbol{X}_k - (\widetilde{\boldsymbol{A}}\hat{\boldsymbol{X}}_{k-1} + \widetilde{\boldsymbol{B}}\boldsymbol{Z}_k))^{\mathrm{T}}) \tag{3-43}$$

式中，$\widetilde{\boldsymbol{A}}$、$\widetilde{\boldsymbol{B}}$ 分别为与 $\boldsymbol{A}$、$\boldsymbol{B}$ 同维的任意矩阵。最终卡尔曼滤波可以按照如下流程进行计算。

状态一步预测方程为

$$\hat{\boldsymbol{X}}_{k|k-1} = \boldsymbol{\Phi}_{k,k-1}\hat{\boldsymbol{X}}_{k-1} \tag{3-44}$$

状态估计计算方程为

$$\hat{\boldsymbol{X}}_k = \hat{\boldsymbol{X}}_{k|k-1} + \boldsymbol{K}_k(\boldsymbol{Z}_k - \boldsymbol{H}_k\hat{\boldsymbol{X}}_{k|k-1}) \tag{3-45}$$

其中，$\boldsymbol{K}_k$ 为卡尔曼滤波增益。滤波增益方程为

$$\boldsymbol{K}_k = \boldsymbol{P}_{k|k-1}\boldsymbol{H}_k^{\mathrm{T}}(\boldsymbol{H}_k\boldsymbol{P}_{k|k-1}\boldsymbol{H}_k^{\mathrm{T}} + \boldsymbol{R}_k)^{-1} \tag{3-46}$$

一步预测均方误差方程为

$$\boldsymbol{P}_{k|k-1} = \boldsymbol{\Phi}_{k,k-1}\boldsymbol{P}_{k-1}\boldsymbol{\Phi}_{k,k-1}^{\mathrm{T}} + \boldsymbol{\Gamma}_{k-1}Q_{k-1}\boldsymbol{\Gamma}_{k-1}^{\mathrm{T}} \tag{3-47}$$

估计均方误差方程为

$$\boldsymbol{P}_k = (\boldsymbol{I} - \boldsymbol{K}_k\boldsymbol{H}_k)\boldsymbol{P}_{k|k-1}(\boldsymbol{I} - \boldsymbol{K}_k\boldsymbol{H}_k)^{\mathrm{T}} + \boldsymbol{K}_k\boldsymbol{R}_k\boldsymbol{K}_k^{\mathrm{T}} \tag{3-48}$$

5）扩展卡尔曼滤波

传统卡尔曼滤波要求系统的状态方程和观测方程均是线性条件，然而现实中，许多工程系统往往不能简单地用线性系统来描述，如参数估计引入增广状态方程的非线性、结构关系带来的非线性和观测信号的非线性，因此，十分有必要对非线性滤波进行深入的讨论。一般情况是将非线性方程线性化，而后利用线性卡尔曼滤波基本方程处理线性问题[54]。

当式(3-38)是非线性的，则系统状态方程和观测方程为[39]

$$\begin{cases} \boldsymbol{X}_k = f(\boldsymbol{X}_{k-1}) + \boldsymbol{W}_k \\ \boldsymbol{Z}_k = h(\boldsymbol{X}_k) + \boldsymbol{V}_k \end{cases} \tag{3-49}$$

状态一步预测方程为

$$\hat{\pmb{X}}_{k|k-1} = f(\hat{\pmb{X}}_{k-1}) + \pmb{W}_k \tag{3-50}$$

其中,$\pmb{W}_k$ 为过程噪声。扩展卡尔曼滤波算法就是将非线性方程线性化的滤波算法,是解决非线性滤波问题常用的一种方法。其时间递推公式和卡尔曼滤波相似,与卡尔曼滤波算法不同的是式(3-44)中的状态一步预测方程中的参数要用非线性函数的一阶偏导数来计算,不具有像线性滤波那样可以实现离线计算增益和协方差的优点。

6) 联邦卡尔曼滤波

联邦卡尔曼滤波框图如图 3-28 所示。联邦卡尔曼滤波一般分为两步滤波,即先基于局部传感器进行滤波,然后再进行主滤波。先假设状态向量从 $k-1$ 时刻的 $\pmb{X}_{k-1}$ 转移到 k 时刻的 $\pmb{X}_k$,其动力学模型为

$$\pmb{X}_k = \pmb{\Phi}_{k,k-1} \pmb{X}_{k-1} + \pmb{W}_k \tag{3-51}$$

式中,$\pmb{\Phi}_{k,k-1}$ 为时间 $k-1$ 到 k 的状态转移矩阵,$\pmb{W}_k$ 为动力学模型误差,$\pmb{W}_k$ 与 $\pmb{W}_{k-1}$ 不相关。

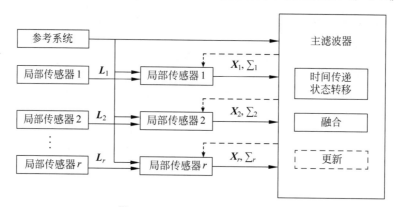

■图 3-28 联邦卡尔曼滤波框图

设在 k 时刻有 r 个传感器,各传感器相应的观测方程为

$$\pmb{L}_{ik} = \pmb{A}_{ik} \pmb{X}_k + \pmb{\Delta}_{ik} \tag{3-52}$$

式中,$\pmb{A}_{ik}$ 为传感器 i 的观测方程设计矩阵,$\pmb{L}_{ik}$ 和 $\pmb{\Delta}_{ik}$ 为传感器 i 的观测矢量和误差矢量。假设各传感器观测误差与动态模型误差不相关,各传感器观测误差互不相关。

$$E(\pmb{W}_k) = 0, \quad E(\pmb{\Delta}_{ik}) = 0 \tag{3-53}$$

$$E[\pmb{\Delta}_{ik}\pmb{\Delta}_{ik}^{\mathrm{T}}] = \sum_{ik} = \pmb{P}_{ik}^{-1}, \quad E[\pmb{\Delta}_{ik}\pmb{\Delta}_{ik}^{\mathrm{T}}] = 0 \quad (i \neq j) \tag{3-54}$$

$$E(\pmb{W}_k \pmb{W}_{k-1}^{\mathrm{T}}) = 0, \quad E(\pmb{W}_k \pmb{W}_k^{\mathrm{T}}) = \sum_{\pmb{W}_k} \tag{3-55}$$

由各传感器得到局部滤波解为

$$\hat{\pmb{X}}_{ik} = [\pmb{I} - \pmb{K}_{ik}\pmb{A}_{ik}]\bar{\pmb{X}}_k + \pmb{K}_{ik}\pmb{L}_{ik} \tag{3-56}$$

式中

$$\pmb{K}_{ik} = \sum_{\bar{\pmb{x}}_k} \pmb{A}_{ik}^{\mathrm{T}} \left(\pmb{A}_{ik} \sum_{\bar{\pmb{x}}_k} \pmb{A}_{ik}^{\mathrm{T}} + \sum_{ik} \right) \tag{3-57}$$

$$\sum_{\bar{\pmb{X}}_k} = \pmb{\Phi}_{k,k-1} \sum_{\hat{\pmb{x}}_{k-1}} \pmb{\Phi}_{k,k-1}^{\mathrm{T}} + \sum_{\pmb{W}_k} \tag{3-58}$$

$$\sum_{\hat{x}_{ik}} = (I - K_{ik}A_{ik})\sum_{\overline{x}_k} \tag{3-59}$$

设主传感器(参考传感器)的观测矢量为 L_{mk} ,则主滤波(MF)解为

$$\hat{X}_{mk} = [I - K_{mk}A_{mk}]\overline{X}_k + K_{mk}L_{mk} \tag{3-60}$$

式中, K_{mk} 和 A_{mk} 分别与 K_{ik} 和 A_{ik} 类似。

由联邦卡尔曼滤波算法信息分享原理[36],可得最终融合滤波解 $\hat{X}_{fk}$ 及相应的权矩阵 $P_{\hat{x}_{fk}}$ 为

$$P_{\hat{x}_{fk}} = P_{\hat{x}_{1k}} + P_{\hat{x}_{2k}} + \cdots + P_{\hat{x}_{rk}} + P_{\hat{x}_{mk}} \tag{3-61}$$

$$P_{\hat{x}_{fk}}\hat{X}_{fk} = P_{\hat{x}_{1k}}\hat{X}_{1k} + P_{\hat{x}_{2k}}\hat{X}_{2k} + \cdots + P_{\hat{x}_{rk}}\hat{X}_{rk} + P_{\hat{x}_{mk}}\hat{X}_{mk} \tag{3-62}$$

式中 $P_{\hat{x}_{1k}},P_{\hat{x}_{2k}},\cdots,P_{\hat{x}_{rk}},P_{\hat{x}_{mk}}$ 分别为局部传感器滤波输出的状态估计矢量的权矩阵, $P_{\hat{x}_{fk}}$ 为联邦滤波算法输出的状态矢量的权矩阵(或称信息矩阵),它们是相应协方差矩阵的逆矩阵。

$$P_{\hat{x}_{ik}} = \sum_{\hat{x}_{ik}}^{-1}, \quad P_{\hat{x}_{mk}} = \sum_{\hat{x}_{mk}}^{-1} \tag{3-63}$$

由式(3-62)得

$$\hat{X}_{fk} = P_{X_{fk}}^{-1}(P_{\hat{x}_{1k}}\hat{X}_{1k} + P_{\hat{x}_{2k}}\hat{X}_{2k} + \cdots + P_{\hat{x}_{rk}}\hat{X}_{rk} + P_{\hat{x}_{mk}}\hat{X}_{mk}) \tag{3-64}$$

3.5 本章小结

本章从汽车定位的四种系统出发,具体涉及 GNSS、航迹递推系统、地图匹配定位系统和多传感器融合定位系统,阐述了应用于汽车定位的各系统的原理、方法和误差分析。本章着重介绍了利用 RTK 改进 GNSS 实现自动驾驶汽车定位的原理和相应的系统,讲解了航迹递推的基本原理、地图匹配算法和融合算法,最后重点阐述了卡尔曼滤波技术。

参考文献

[1] QUAN Y, LAU L, ROBERTS G W, et al. Measurement signal quality assessment on all available and new signals of multi-GNSS (GPS, GLONASS, Galileo, BDS, and QZSS) with real data[J]. The Journal of Navigation, 2016, 69(2): 313-334.

[2] LI P, ZHANG X. Integrating GPS and GLONASS to accelerate convergence and initialization times of precise point positioning[J]. GPS solutions, 2014, 18(3): 461-471.

[3] 刘俊伟. 移动智能终端北斗导航技术展望[J]. 信息通信技术, 2017, 11(05): 29-34.

[4] DING W, TAN B, CHEN Y, et al. Evaluation of a regional real-time precise positioning system based on GPS/BeiDou observations in Australia[J]. Advances in Space Research, 2018, 61(3): 951-961.

[5] SIEBLER B, DE PONTE MüLLER F, HEIRICH O, et al. Algorithms for relative train localization with GNSS and track map: Evaluation and comparison[C]//2017 International Conference on

Localization and GNSS (ICL-GNSS). IEEE, 2017: 1-7.

[6] 杨元喜,陆明泉,韩春好. GNSS 互操作若干问题[J]. 测绘学报,2016,45(03):253-259.

[7] 王泉. 从车联网到自动驾驶[M]. 北京:人民邮电出版社,2018.

[8] DRAWIL N M, AMAR H M, BASIR O A. GPS localization accuracy classification: A context-based approach[J]. IEEE Transactions on Intelligent Transportation Systems, 2013, 14(1): 262-273.

[9] 李川,刘星,石明旺,等. GPS 多路径误差特性分析及削弱方法[J]. 导航定位学报,2017,5(01):103-107.

[10] CHEN H, JIANG W, GE M, et al. Efficient high-rate satellite clock estimation for PPP ambiguity resolution using carrier-ranges[J]. Sensors, 2014, 14(12): 22300-22312.

[11] MOHINDER S G. GNSS 惯性导航组合[M]. 北京:电子工业出版社,2016.

[12] 张月新,王立辉,汤新华. 汽车动力学模型辅助的惯性导航系统[J]. 中国惯性技术学报,2017,25(05):576-580.

[13] 百度百科. 惯性导航系统[EB/OL]. (2016-11-21)[2019-05-03]. https://baike. baidu. com/item/惯性导航系统/2286423? fr=Aladdin.

[14] 维基百科. 惯性导航系统[EB/OL]. (2019-01-21)[2019-05-03]. https://zh. wikipedia. org/wiki/%E6%83%AF%E6%80%A7%E5%AF%BC%E8%88%AA%E7%B3%BB%E7%BB%9F.

[15] PLASTINO A R, MUZZIO J C. On the use and abuse of Newton's second law for variable mass problems[J]. Celestial Mechanics and Dynamical Astronomy, 1992, 53(3): 227-232.

[16] 李翔. 矢量道路数据辅助惯性导航定位的技术与方法研究[J]. 测绘学报,2018,47(05):692.

[17] COTTER D, TATHAM M C. Dead reckoning—a primitive and efficient self-routing protocol for ultrafast mesh networks[J]. IEE Proceedings-Communications, 1997, 144(3): 135-142.

[18] METZNER A, WICKRAMARATHNE T. On Multi-Sensor Radar Configurations for Vehicle Tracking in Autonomous Driving Environments [C]//2018 21st International Conference on Information Fusion (FUSION). IEEE, 2018: 1-8.

[19] KIM J, HAN D S, SENOUCI B. Radar and vision sensor fusion for object detection in autonomous vehicle surroundings[C]//2018 Tenth International Conference on Ubiquitous and Future Networks (ICUFN). IEEE, 2018: 76-78.

[20] 黄卫权. 惯性导航、卫星定位及其组合的基本原理[M]. 北京:国防工业出版社,2017.

[21] 周俊,王琳,徐永强,等. 惯性导航与卫星导航组合定位精度分析及仿真[J]. 无线电工程,2018,48(12):1086-1090.

[22] 王宝树,李芳社. 基于数据融合技术的多目标跟踪算法研究[J]. 西安电子科技大学学报(自然科学版)1998,25(3):269-272.

[23] 富立. 汽车定位导航系统[M]. 北京:中国铁道出版社,2004.

[24] WAN G, YANG X, CAI R, et al. Robust and precise vehicle localization based on multi-sensor fusion in diverse city scenes[C]//2018 IEEE International Conference on Robotics and Automation (ICRA). IEEE, 2018: 4670-4677.

[25] ZHU X, TIAN W, LI G Z, et al. Research on Localization Vehicle Based on Multiple Sensors Fusion System [C]//2017 International Conference on Computer Network, Electronic and Automation (ICCNEA). IEEE, 2017: 491-494.

[26] ZHANG M, ZHANG Z, DAI Y, et al. Design of a multi-threaded positioning system software architecture for ground mobile robots[C]//2018 5th International Conference on Information Science and Control Engineering (ICISCE). IEEE, 2018: 699-703.

[27] WANG Z. Robot Obstacle Avoidance and Navigation Control Algorithm Research Based on Multi-Sensor Information Fusion [C]//2018 11th International Conference on Intelligent Computation Technology and Automation (ICICTA). IEEE, 2018: 351-354.

[28] LIU S, SHEN-TU H, CHEN H, et al. Asynchronous Multi-Sensor Fusion Multi-Target Tracking Method[C]//2018 IEEE 14th International Conference on Control and Automation (ICCA). IEEE, 2018: 459-463.

[29] 何伟. GNSS/INS 深耦合系统关键技术研究[D]. 西安: 西北工业大学, 2016.

[30] 董保根. 机载 LiDAR 点云与遥感影像融合的地物分类技术研究[D]. 郑州: 解放军信息工程大学, 2013.

[31] 百度百科. 地图匹配[EB/OL]. (2016-01-30)[2019-05-03]. https://baike.baidu.com/item/地图匹配/799321.

[32] 陈玉坤. 多模复合制导信息融合理论与技术研究[D]. 哈尔滨: 哈尔滨工程大学, 2007.

[33] 丁小, 肖兵, 金宏斌. 传感器误差配准问题研究[J]. 湖南工业大学学报, 2008(05): 86-89.

[34] 李教. 多平台多传感器多源信息融合系统时空配准及性能评估研究[D]. 西安: 西北工业大学, 2003.

[35] BIEZAD D J. Integrated navigation and guidance systems[M]. Detroit: American Institute of Aeronautics and Astronautics, 1999.

[36] 李鹏. 卡尔曼滤波在信息融合理论中的应用[D]. 西安: 西安电子科技大学, 2008.

[37] 穆加艳. 雷达数据与 AIS 数据融合的应用研究[D]. 南京: 南京理工大学, 2011.

[38] 刘铮. 自适应颜色直方图的粒子滤波算法[D]. 武汉: 武汉理工大学, 2012.

[39] AWOGBAMI G, AGANA N, NAZMI S, et al. An Evidence Theory Based Multi Sensor Data Fusion for Multiclass Classification[C]//2018 IEEE International Conference on Systems, Man, and Cybernetics (SMC). IEEE, 2018: 1755-1760.

[40] MCGEE L A, SCHMIDT S F. Discovery of the Kalman Filter as a Practical Tool for Aerospace and Industry[J]. National Aeronautics and Space Administration, Ames Research, 1985.

[41] YOUSUF S, KADRI M B. Robot Localization in Indoor and Outdoor Environments by Multi-sensor Fusion[C]//2018 14th International Conference on Emerging Technologies (ICET). IEEE, 2018: 1-6.

[42] LEVY L J. The Kalman filter: Navigation's integration workhorse[J]. GPS World, 1997, 8(9): 65-71.

[43] HUANG Y, JING Y, SHI Y. Multi-sensor node fusion localization using unscented Kalman filter in rough environments[C]//2018 Chinese Control And Decision Conference (CCDC). IEEE, 2018: 5476-5481.

[44] 高怡. 组合导航滤波算法[M]. 北京: 电子工业出版社, 2017.

[45] KE Z, YING S. Steady-state Kalman Fusion Filter Based on Improved Multi-innovation Least Squares Algorithm[C]//2018 37th Chinese Control Conference (CCC). IEEE, 2018: 4434-4437.

[46] JANISZEWSKI D, KIELCZEWSKI M. Kalman filter sensor fusion for multi-head position encoder[C]//2017 19th European Conference on Power Electronics and Applications (EPE'17 ECCE Europe). IEEE, 2017: 1-7.

[47] 朱晓娟. 飞行控制系统多传感器信息融合技术研究[D]. 南京: 南京航空航天大学, 2008.

[48] 杨元喜. 多源传感器动、静态滤波融合导航[J]. 武汉大学学报(信息科学版), 2003(04): 386-388+396.

[49] 王庆. 汽车组合定位与导航系统[M]. 北京: 科学出版社, 2016.

[50] WANG M, YAN G, SUN X. Distributed fusion incremental Kalman filter[C]//2018 Chinese Control And Decision Conference (CCDC). IEEE, 2018: 686-688.

[51] VOGEL S, ALKHATIB H, NEUMANN I. Iterated Extended Kalman Filter with Implicit Measurement Equation and Nonlinear Constraints for Information-Based Georeferencing[C]//2018 21st International Conference on Information Fusion (FUSION). IEEE, 2018: 1209-1216.

［52］ TONGYUE G，KAIDA H，JIA Y，et al. An Altitude Location System for Vehicle Based on Federated Kalman Filter［C］//2018 5th International Conference on Systems and Informatics (ICSAI). IEEE，2018：1235-1239.

［53］ 付梦印，邓志红.Kalman 滤波理论及其在导航系统中的应用［M］.北京：科学出版社.2003.

［54］ MOHINDER S G.卡尔曼滤波理论与实践(MATLAB 版)［M］.北京：电子工业出版社,2017.

第4章 无线通信辅助汽车定位

自动驾驶汽车的精确定位,除使用第 2、3 章叙述的基于高精度地图和多传感器融合的定位技术外,基于无线通信辅助的汽车定位也是实现自动驾驶高精度定位不可或缺的部分。车联网作为无线通信的重要领域,是物联网在汽车信息化领域的应用。车联网是指利用汽车上的车载单元(On-Board Unit,OBU)和道路附近的路侧单元(Roadside Unit,RSU)等数据传输设备,按照特定的通信协议和数据交换标准,进行 V2X 之间的无线信息交互与共享,建立集交通实时动态管理、信息化服务及汽车控制于一体的网络[1]。

没有车联网就没有真正意义上的自动驾驶[2],车联网作为自动驾驶的关键技术之一,汽车通过车联网可以"听到"其周围环境及远端的消息,有助于提升自动驾驶定位的精度和准确度。另外,在室内环境下,卫星信号不能穿透墙体,传统的 GNSS 在室内定位困难导致室内定位成为自动驾驶系统的薄弱环节。近年来,Wi-Fi、RFID、超宽带、可见光等专用短距无线通信技术被广泛应用于室内定位,成为工业界和学术界的关注重点。

因此,本章首先介绍车联网体系架构及信息共享技术,然后分别从专用短程通信和蜂窝移动通信两方面介绍车联网技术,最后阐述基于车联网辅助的自动驾驶定位技术。

4.1 车联网体系架构及信息共享

车联网与现有的摄像头、毫米波雷达、激光雷达类似,都是用于获取交通设施、行人及汽车行驶状态信息的方式,也是辅助自动驾驶汽车定位和控制决策的重要手段[3]。

4.1.1 车联网体系架构

根据车联网的系统功能划分,车联网体系架构共分为 3 个层次:感知与控制层、网络与传输层、综合应用层。车联网体系架构如图 4-1 所示。

感知与控制层是车联网感知信息的源头,其功能包括完成汽车自身与道路交通信息的全面感知,通过车与车、车与网络、车与基础设施、车与行人的通信,以及车载传感器、汽车定位等信息感知技术,实时采集汽车状态、道路环境及汽车位置等信息,为车联网应用提供全面的信息感知服务。

网络与传输层是实现车联网感知信息和控制信息可靠传输的保障。其通过设计异构网络协同通信所需要的专用网络架构和协议模型,对感知层的数据进行预处理;通过对云计算、大数据、虚拟化等技术的综合应用,充分利用专用短程通信和蜂窝移动通信等现有通信网络资源,为综合应用层提供透明的信息传输服务和应用支撑。

综合应用层的各项服务必须在现有网络体系和协议的基础上,提供兼容未来可能的网络拓展功能,为车联网用户提供汽车信息收集、存储、处理、共享与发布等各类信息服务,具体应用包括但不限于车联网服务云平台(如车载信息服务平台和汽车大数据信息服务平台)、交通信息管理云平台、自动驾驶服务云平台和地图云平台等。

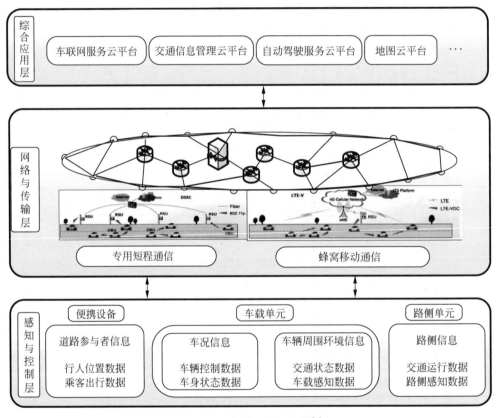

■图 4-1　车联网体系架构[4]

全球范围内,最主要的车联网通信技术标准有两种:专用短程通信技术(Dedicated Short Range Communication,DSRC)和基于蜂窝移动通信的车联网技术(Cellular-V2X,C-V2X),两者均支持汽车连接到所有的事物,包括基础设施、汽车、人等,但两者的不同之处在于,后者利用了移动网络运营商的商业蜂窝网络和现场设备[5]。C-V2X 以 LTE 蜂窝网络作为基础,具有更广的通信距离,一个基站可支持上百辆车的通信需求,能够满足更大的系统容量。而 DSRC 可以实现高速移动目标的双向通信、实时图像、语音和数据信息的传输,该技术目前发展已相对成熟,具有低延时和高可靠性的特点[6]。

4.1.2　车联网的信息交互与共享技术

车联网作为物联网面向应用的一个概念延伸,是对设备到设备(Device-To-Device,D2D)技术的深入和发展。如图 4-2 所示,车联网通过 V2X 协同感知汽车行驶情况、交通设施运行状态、周边道路环境信息及其他交通元素的信息,并借助 D2D 技术将各类感知信息进行端到端的传输,从而实现在整个车联网系统中信息交互与共享。以下将从 V2X 的V2V、V2I、V2N 以及 V2P 共 4 个方面介绍车联网的信息交互与共享技术。

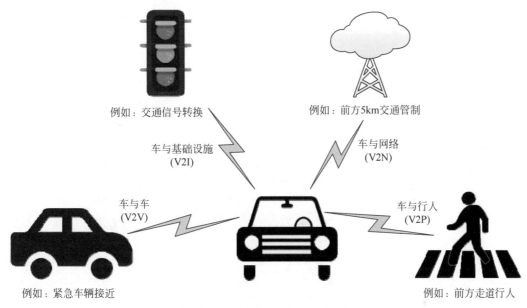

例如:交通信号转换　　　　　　　　例如:前方5km交通管制

车与基础设施
(V2I)

车与网络
(V2N)

车与车
(V2V)

车与行人
(V2P)

例如:紧急车辆接近　　　　　　　　　　　例如:前方走道行人

■ 图 4-2　车联网信息交互与共享

V2V(Vehicle-To-Vehicle,车与车)作为 V2X 中发展最成熟的技术之一,是采用专用短程通信技术和车载组网技术,实现车与车之间的信息交互,具体包括汽车姿态、速度及油门刹车状态等信息。驾驶员或自动驾驶系统接收到相关信息后,有助于提高交通效率,降低潜在交通事故的发生率。关于 V2V 还有很多其他说法,如 Car-To-X、Internet of Cars、Connected Car 等。

V2I(Vehicle-To-Infrastructure,车与基础设施)并不是专指汽车与电信基础设施的通信,而是汽车与途经的红绿灯、公交站、道路交通标志、电线杆、大楼、立交桥及隧道等一切基础设施的通信,用于获取必要的且有助于保障汽车安全和高效驾驶的关键信息。

V2N(Vehicle-To-Network,车与网络)能够让汽车与云端的服务器相连,实现汽车与车联网服务云平台、交通信息管理云平台、自动驾驶服务云平台、地图云平台等云端的互联互通。例如,V2N 可实现汽车获取车联网服务云平台提供的车载信息服务数据和汽车共享数据,交通信息管理云平台共享的汽车数据、运输出行数据和交通运行数据,自动驾驶服务云平台共享的人工智能路况数据等。

V2P(Vehicle-To-Pedestrian,车与行人)指的是汽车与行人随身携带的手机等便携设备进行信息交互,这里的行人包括普通的步行者、骑行者等。V2P 主要用于保障行人的人身安全以及非机动车的行驶安全,降低交通事故发生率。当前,汽车感知行人主要通过摄像头、雷达等车载传感器完成,行人仍然属于交通参与者中的弱势群体,但可通过 V2P 实现行人与汽车的信息交互,有效提高交通安全。

4.2　基于专用短程通信的车联网技术

DSRC 技术最开始用于不停车电子收费系统(Electronic Toll Collection,ETC),实现车载单元与路侧单元的双向信息传输,进而完成汽车与后端缴费平台的信息交互,实现不停车缴费。同时,DSRC 也被设计成通过建立汽车、道路设施及行人携带的便携设备之间的互联通信机制以增强道路安全。

4.2.1　专用短程通信技术

DSRC 技术主要基于两套标准:一是 IEEE 1609. x,即车载环境下的无线接入技术(Wireless Access in Vehicular Environments,WAVE),其定义了基于 DSRC 的车联网的架构;二是 SAE J2735 和 SAE J2945,其定义了消息包中携带的信息[7-11]。

WAVE 协议栈主要由 IEEE 802. 11p 和 IEEE 1609.1～IEEE 1609.4 标准组成,如图 4-3 所示。IEEE 802.11p 在 IEEE 802.11a 标准的基础上对物理层和 MAC 层进行了修改以适应 V2X 通信环境,其网络接口的物理层与 IEEE 802.11a 采用了相同的帧结构、调制方式和训练序列。在 MAC 实体层中采用了基于信道竞争访问的分布式协调功能(Distributed Coordination Function,DCF),并加入了 IEEE 802.11e 中的增强型分布式协调功能(Enhanced Distributed Coordinator Function,EDCF)为不同业务提供相应的发送优先级服务。

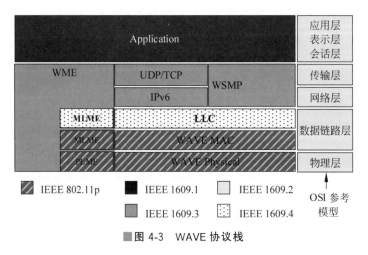

■图 4-3　WAVE 协议栈

SAE J2735 和 SAE J2945 标准是由美国汽车工程师协会(Society of Automotive Engineers,SAE)发布的,其主要是针对采用 5.9GHz 的 DSRC 应用,该标准规范了 V2X 的

信息集,以及信息集中的数据结构和内容,其中包括来自车上的传感器数据,例如位置、行进方向、速度和刹车信息[2]。

美国采用 IEEE 802.11p 和 IEEE 1609.x 标准,为 DSRC 分配了 5.850～5.925GHz 的频谱,共计 75MHz 频带宽度。欧盟的 DSRC 频段与美国略有差别,其分配 DSRC 的频段范围在 5.875～5.905GHz,共计 30MHz 频带宽度,约为美国 DSRC 的频带的一半。日本的 DSRC 采用 IEEE 802.11p 标准,频段为 700MHz 和 5.8GHz。

4.2.2 基于专用短程通信的车联网

2007 年,IEEE 802.11p 标准已基本确定[12]。接着,IEEE 工作组又开始着手制定 IEEE 1609.x 系列标准,用以支撑车联网 V2X 的安全性框架。同时,SAE 从汽车产业的实际需求出发,开始制定有关 V2X 的应用标准。

1. IEEE 802.11p 标准

尽管 IEEE 802.11a 一直宣称已经具备了支持高速移动通信的能力,但 IEEE 仍然引入了一个新的标准 IEEE 802.11p,以满足基于 DSRC 的车联网需求。下面将以美国的 DSRC 技术为例简述 IEEE 802.11p 标准。

(1) DSRC 的 IEEE 802.11p 频带资源分配如图 4-4 所示,除了 5MHz 的保护频段外,其余 70MHz 的频率资源共划分成 7 条互不重叠的 10MHz 信道。控制信道(Control Channel,CCH)178 主要用于广播安全相关的消息或者控制信令,传输 WAVE 服务通告(WAVE Service Announcement,WSA)或 WAVE 短消息协议(WAVE Short Message Protocol,WSMP)等优先级较高的内容,且严格限制其传输时延。车车通信信道 172 和车路通信信道 184 专用于传输安全相关应用,其中,信道 172 用于碰撞避免,信道 184 用于长距离、大功率的通信,剩余的 4 条信道(174,176,180,182)都是业务信道(Service Channel,SCH),可被合并为两条 20MHz 的信道,用于共享型安全相关应用,SCH 上既可传输 CCH 上的信息,也可以传输非安全相关的应用层信息,包括基于 UDP/IPv6 的报文。

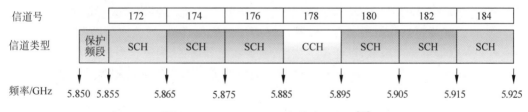

图 4-4　IEEE 802.11p 频带资源分配[13]

(2) 汽车的高移动性可能会产生两个负面影响:消息接收不成功或分组丢失、无效。消息接收不成功是在安全相关消息发送期间,部分接收节点可能已经移动到发送节点的通信范围之外。分组丢失、无效是汽车高移动性引起正交频分复用技术(Orthogonal Frequency Division Multiplex,OFDM)系统中较差的多普勒频移扩展,进而导致较高的分组错误率和较差的信道质量。因此,为了在汽车高速移动环境下进行更大范围的 V2X 通信,IEEE 802.11p 定义了最高的有效等向辐射功率 44.8dBm(30W),用来最大限度地保证汽车有足够的时间处理紧急事件。一般情况下,安全相关信息的有效等向辐射功率为

33dBm,在空旷地带的传输距离最远可达 1km,在障碍物较多的复杂交通环境,能满足 300m 左右的传输距离。同时,信息传输距离的增大也导致了数据传输速率的降低。

（3）车载环境变化导致信号强度变化引起的路径损耗和多径效应引起的衰落等常规无线通信问题需要被最小化[14-15]。IEEE 802.11p 使用 10MHz 的带宽以提高系统对信号多径传播的承受能力,其保护频段变为 IEEE 802.11a 的两倍,使得 IEEE 802.11p 能够减少多径传输引起的码间串扰,并可以容忍更大的均方根（Root Mean Square,RMS）时延扩展,因此也更适用于高速移动的汽车环境,支持移动速度高达 200km/h 的节点之间的通信[16-17]。

（4）相较于 IEEE 802.11a,IEEE 802.11p 减小了带宽,增加了通信距离,但牺牲了物理层的数据传输速率。IEEE 802.11a 的标准传输速率是 25Mb/s,而 IEEE 802.11p 的传输速率减小到 3Mb/s。

另外,DSRC 物理层的调制方案采用了 OFDM 进行信道复用[15],OFDM 是将无线信号分割成更小的子载波信号,即输入数据流分成了一组并行的比特流,每一路比特流映射到一组互相交叠的正交子载波以进行数据调制和解调,所有正交子载波将同时发送,而这些子载波在频率上互相交叠,但在设计上保证了彼此间不互相干扰:一方面,子载波彼此正交;另一方面采用快速傅里叶变换（Fast Fourier Transform,FFT）算法进行信号分离。而采用 OFDM 的主要原因是其较高的频谱效率以及在多径衰落环境下的良好性能和简单的收发信机设计。同时,OFDM 还可以利用反射信号提高信号增益,进而提升非视距场景下的发送性能。

2. IEEE 1609.x 标准

IEEE 1609.x 标准是以 IEEE 802.11p 为基础的上层标准。IEEE 1609.x 标准针对 WAVE 定义了适合车联网环境的通信系统架构和系列标准化服务接口,主要目的是规范 OBU 之间、OBU 与 RSU 之间的无线通信协议,并提供汽车行驶环境下的汽车安全、交通管理、动态地图与导航定位等应用所要求的通信标准。

IEEE 1609.1 描述 WAVE 系统结构中的一些重要组成部分,定义了控制信息格式和数据存储格式,并规定远程应用和资源管理之间的控制流程,为应用的注册、管理以及车载设备资源的存取提供标准接口,以便传送数据、命令和状态信息,为综合应用层服务。

IEEE 1609.2 主要考虑 WAVE 中安全相关的业务和信息管理,规范签名、数字加密等工作过程,实现安全信息格式、节点认证和信息加密等功能。

IEEE 1609.3 规范了网络传输层的服务标准,主要涉及 WAVE 的连接设置和管理。其中设计了两条并列的网络传输通道:用户数据报协议（User Datagram Protocol,UDP）IPv6 和 WSMP。用户可以在 SCH 上采用 UDP/IP 通信方式传输数据,也可以使用 WSMP 在 SCH 和 CCH 上实现即时通信。

IEEE 1609.4 描述了多信道操作、CCH 与 SCH 相关参数、信道优先接入参数、信道的路由与切换及 WAVE 模式等。通过信道管理对不同发送优先级的 MAC 服务数据单元（MAC Service Data Unit,MSDU）进行分类,并进行信道的路由和切换,达到合理利用信道资源的目的。为支持安全和非安全类应用,将消息分为不同的优先级:非（低）安全类消息（如地图更新通知等）、高安全类消息（要求所有汽车周期性的监测 CCH）。而 SCH 用于传输非(低)安全类应用消息,如传输由 CCH 通知的动态地图数据更新与共享[15]。但是 CCH 和 SCH 的接入在时间上被分割为周期性的等长 CCH 间隔和 SCH 间隔,使得 CCH 和 SCH 周期性地处于闲置状态,降低了吞吐量和信道使用效率。为解决这一问题,学术界进行了诸多探索[18-20],以促进信道资源的高效利用。

除上述标准外,IEEE 1609 工作组还定义了 IEEE 1609.0,用于描述 IEEE 802.11p/1609 标准体系的整体架构和 WAVE 终端多信道通信服务。

3. DSRC 的应用和发展

美国交通部于 2002 年开始与车厂开展合作,对利用 V2V 通信进行汽车避撞的可行性评估。2010 年,IEEE 工作组完成了 DSRC 标准化工作,包括 IEEE 802.11p 底层的标准和 IEEE 1609.x 上层的标准。2011 年 9 月,在美国交通部的组织下,车厂完成了基于 DSRC V2V 的交通安全应用研究。2013 年年底,美国交通部完成了基于 DSRC V2V 的交通安全应用现场测试。2014 年,美国《联邦机动汽车安全标准》(FMVSS150-V2V)立项,研究汽车强制安装 DSRC 联网设备。2016 年 12 月 13 日,美国交通部正式发布《联邦机动车安全标准——第 150 号》(FMVSS No. 150),要求所有轻型汽车强制安装 V2V 设备,确保汽车之间能够收发基本的安全信息,V2V 选择 DSRC 作为车车通信统一标准。

欧洲开展制定 DSRC 标准的工作主要以 CEN/TC 278 标准体系为代表,于 2014 年 2 月发布了协作式智能交通标准(C-ITS)。C-ITS 通信物理层标准 ITS-G5(也被称为车载 Wi-Fi)采用与美国 DSRC 相同的 IEEE 802.11p,但其带宽比美国的 DSRC 窄。2014 年 7 月,欧洲的 C2C 完成了基于 C-ITS 标准的车路协同系统试验。2018 年 11 月,欧盟委员会正式批准并设立 DSRC/ITS-G5 标准草案[21]。

日本于 1997 年在 TC204 委员会内完成本国的 DSRC 标准制订工作。2000 年,日本正式实施 ETC、汽车信息和通信系统(Vehicle Information and Communication System,VICS)、先进道路支援系统(Advanced Highway System,AHS)。2009 年起,日本国土交通省在全日本高速公路上安装基于 DSRC 的路侧单元。2011 年,日本开始升级或布设路侧单元为 5.8GHz 的 DSRC。2014 年,日本总务省开始制定先进的安全驾驶支撑系统,通过 V2X 进行数据交换。2018 年 2 月初,日本国土交通部宣布:2022 年 3 月底停止旧版 2.4GHz VICS 系统,并且全部转移到 5.8GHz DSRC 技术[22]。

2018 年 5 月 14 日,是德科技(NYSE:KEYS)宣布与韩国 IT-Telecom 签署合作协议,合作开发适用于 DSRC/V2X 认证测试的解决方案。

4.3 基于蜂窝移动通信的车联网技术

美国的贝尔实验室最早在 1947 年就提出了蜂窝移动通信的概念,于 1958 年向美国联邦通信委员会(Federal Communications Commission,FCC)提出了建议草案,1977 年完成了可行性技术论证,1978 年在芝加哥实现了先进移动电话系统(Advanced Mobile Phone System,AMPS)的试验,1983 年正式投入市场运营。随后,借助于超大规模集成电路等关键技术的发展,推动了蜂窝移动通信的持续更新与迭代,促进了基于蜂窝移动通信的车联网应用的出现,如汽车状态和位置远程监控、自动驾驶等。

4.3.1 蜂窝移动通信技术

第一代蜂窝移动通信系统(1G)诞生于 20 世纪 80 年代初,是面向模拟电话的通信系统,也是移动蜂窝通信的基本架构雏形——包括了频分复用(Frequency Division Multiplexing,FDM)、蜂窝小区以及漫游的概念。其中,AMPS 就是当时 1G 的主流技术。

第二代蜂窝移动通信系统(2G)诞生于 1992 年,是引入了数字信号处理技术的通信系统,标志着 2G 技术从模拟走向了数字时代。2G 首次引入了用户身份模块(Subscriber Identification Module,SIM)。时分多址(Time Division Multiple Access,TDMA)和码分多址(Code Division Multiple Access,CDMA)是 2G 网络主要的信道复用技术。其中,全球移动通信系统(Global System for Mobile Communications,GSM)作为 TDMA 网络的典型代表技术,一直沿用至今。通用分组无线服务技术(General Packet Radio Service,GPRS)出现于 1995 年后,引入了分组交换技术,对 2G 进行了扩展,也被称为 2.5G。增强型数据速率 GSM 演变技术(Enhanced Data Rate for GSM Evolution,EDGE)是一种被称为从 2.5G 的 GPRS 到 3G 之间的 2.75G 技术,使 GPRS 数据发送速率增加了至少 3 倍,可确保良好的通信质量和较快的信息速率,直接推动了移动多媒体业务的增长。

第三代蜂窝移动通信系统(3G)旨在支持更高带宽和数据速率的同时,提供多媒体服务。3G 同时采用了电路交换和分组交换策略。2008 年 5 月,国际电信联盟(International Telecommunication Union,ITU)公布了第三代移动通信标准,中国主导的 TD-SCDMA、美国的 CDMA 2000 和欧洲的 WCDMA 正式成为 3G 时代主流的蜂窝移动通信技术[23]。

第四代蜂窝移动通信系统(4G)是一种包含了若干宽带无线接入技术的蜂窝移动通信系统。4G 具有移动多媒体、任何时间任何地点全球漫游支持、集成无线方案和定制化个人服务等特点。其传输速率约为 3G 的 50 倍,可用于车与车载信息服务平台、汽车大数据信息服务平台、交通信息管理云平台、自动驾驶服务云平台及地图云平台之间的通信服务,以及与路侧单元之间的车路通信,支撑实现车联网应用服务。

第五代蜂窝移动通信系统(5G)是 4G 之后的延伸,其最高传输速率约为 4G 的 200 倍,可达 20Gb/s。5G 可用于海量的汽车环境感知数据传输,如传输车载摄像头采集的视频数据和激光雷达采集的激光点云数据[24]。2019 年 6 月 6 日,工业和信息化部向中国电信、中国移动、中国联通、中国广电发放 5G 牌照,意味着中国成为继美国、韩国、英国后的第四个 5G 商用国。

第六代蜂窝移动通信系统(6G)的研究工作已悄然启动。2018 年 11 月,工业和信息化部 IMT-2020(5G)无线技术工作组宣布启动 6G 的研究,6G 理论下载速率可达 1TB/s,2020 年将正式研发 6G 相关网络设备及移动终端,预计 2030 年投入市场。同时,美国第二大宽带服务供应商 Charter 也展开了 6G 相关研究和测试。

1. 2G/3G

在 20 世纪 90 年代,2G 主要采用 TDMA 和 CDMA 的数字蜂窝技术。与 1G 相比,2G 的容量和功能有了很大改善,尝试在原有语音业务的基础上开展多媒体数据业务。同时,伴随着数据技术的发展,移动通信的业务形成了统一标准,促进了国际漫游业务的发展。另外,2G 是从 1G 模拟调制跨入到数字调制,相较而言,2G 具备高度的保密性,且增加了系统容量。2G 除具有通话功能外,还有短信服务(Short Messaging Service,SMS)功能,手机、笔记本电脑等便携式移动终端也可以连接互联网。此外,2G 的语音通信品质良好,而且比 1G 多了数据传输服务,速率达到 9.6～14.4kb/s,因此,最早的文字简讯从此开始。

3G 主要采用 CDMA 技术,其传输速率至少为 100kb/s,可同时传输语音和数据信息,以及包括处理图像、音乐、视频等多种媒体形式,提供网页浏览、电话/视频会议、电子商务等多种交互式信息服务,同时兼容已有 2G 系统。ITU 发布了全球 3G 标准,主要有大唐电信提出的 TD-SCDMA、日本无线工业广播协会的 WCDMA、基于窄带 CDMA 技术的 CDMA 2000 以及美国电气和电子工程师协会推出的 WiMAX。3G 时代被认为是开启蜂窝移动通信新纪元的重要阶段,支持 3G 网络的手机、平板电脑等智能移动终端设备也在此时出现,苹果、联想和华硕等智能终端设备制造商都推出了一大批 3G 产品。

为满足车企、经销商、租赁及其他企事业单位对"两客一危"汽车的实时监控的需求,早期的车联网也应运而生,通过基于 GPS、GPRS、GIS 三层应用的车载终端与蜂窝基站通信,将汽车行驶状态信息实时上传至服务器端,用户可实时查看汽车状态信息,并对历史数据进行统计与分析,如分析系统存储汽车驾驶员的操作数据,并对驾驶习惯进行数学建模,给予每个驾驶员一个评分,从而起到警示教导的作用,督促驾驶员改善驾驶习惯,有利于节省油耗并延长汽车使用寿命。其次,一旦汽车出了事故,可通过查询系统对数据进行分析,有效解决交通事故认定问题。另外,即使汽车被盗或者被非法使用,也可通过车联网客户端进行远程控制,实现断油断电等功能。但随着用户对车载安全信息、车载娱乐以及移动多媒体信息需求的爆发式增长,基于 GPRS/3G 的车联网信息交互难以满足更高带宽和速度的要求,同时,得益于移动通信技术的迭代与发展,2G、3G 网络支持的很多车联网业务已经被 4G 替代。

2. 4G

4G 是对 3G 的长期演进技术(Long Term Evolution,LTE),改进并增强 3G 空中接入技术,采用 OFDM、多入多出(Multiple-Input Multiple-Output,MIMO)、载波聚合(Carrier Aggregaion)、多点协作传输(Coordinated Multiple Points Transmission/Reception,CoMP)、中继(Relay)、异构网干扰协调增强(Enhanced Inter-cell Interference Coordination for Heterogeneous Network)等一些新的手段和关键技术,以提高无线通信的网络效率和功能,其下行峰值信息速率可达到 100Mb/s。截至 2018 年第一季度末,中国 4G 基站建设了 339.3 万个,4G 网络规模居全球第一,深度覆盖城市和偏远乡村,4G 用户在移动电话用户中的占比也高达 72.2%[25]。LTE 标准由第三代合作伙伴(3rd Generation Partnership Project,3GPP)组织全球各大企业及运营商共同制定,主要包括 FDD-LTE 和 TDD-LTE 两种制式。其中,全球有 285 个运营商在超过 93 个国家部署 FDD 4G 网络[26]。

TDD-LTE 也称为 TD-LTE,是中国主导的 4G 标准,中国移动采用的就是 TD-LTE,TD-LTE 是 TDD 版本的 LTE 的技术。TDD 是时分双工(Time Division Duplexing)技术,是蜂窝移动通信使用的双工技术之一。其中,TD-SCDMA 采用 CDMA 技术,而 TD-LTE 使用 OFDM 技术,两者帧格式、编解码、信令、空口及网络架构都不一样。截至 2018 年 2 月,全球已有 58 个国家和地区部署了 111 张 TD-LTE 商用网络,其中包括 37 张 LTE TDD/FDD 融合网络,TD-LTE 全球用户数超过 12.6 亿户[27]。

FDD-LTE 是 FDD 版本的 LTE 技术,FDD 是频分双工(Frequency Division Duplex)技

术,其特点是在分离(上下行频率间隔为 190MHz)的两个对称信道上进行消息的传送和接收,以保证信道频段的独立性。但在非对称的互联网分组交换时,由于低上行负载,造成频谱利用率大大降低[28]。由于 FDD-LTE 本身的无线技术优势,且 FDD-LTE 比 TD-LTE 研发更早,技术也更成熟,FDD-LTE 的全球标准化与产业化都领先 TD-LTE,因此,世界上多数国家采用 FDD-LTE 制式,其终端种类也最为丰富。

4G 在提高网络峰值速率、频谱利用效率和小区边界用户性能的同时,整个网络的组网效率也得到了提升,具有高速率、大容量、低时延、连接稳定等特点。因此,4G 可提供车载在线、高带宽和对 QoS 敏感的车联网信息服务,如车载娱乐信息和基于云平台的行车记录与控制等业务。目前,3GPP 已经完成 LTE-V2X 的业务需求、系统架构、空口技术和安全研究的相关标准化工作。此外,支持 V2X 高级业务场景的增强型技术 LTE-eV2X 正处于研究阶段,用于改善 V2X 直通模式的数据速率、降低网络时延及提高可靠性能,以满足 V2X 高级业务需求。

3. 5G

5G 是多种新型无线接入技术和现有蜂窝移动通信技术集成后的解决方案的总称,其中包括无线接入网、核心网及相关支撑系统的完整技术体系,具体通过集成多种新型无线接入技术、提供极限速率体验来满足不同应用领域用户的特殊需求。5G 将渗透到社会的各个领域,为用户提供超高的网络接入速率、"零时延"的传输体验、千亿设备的海量连接能力、超高流量密度、超高连接数密度和超高移动性等多场景的一致服务。

5G 无线空口关键技术包括全频谱接入、先进的调制编码、新型多载波、灵活双工和频谱共享、新型多址、大规模天线、终端直通等关键技术。5G 对网络关键技术也提出要求,如超密集异构网络、自组织网络、信息中心网络、内容分发网络、移动云计算、情景感知技术、软件定义网络(Software Defined Network,SDN)及网络功能虚拟化(Network Function Virtualization,NFV)等技术。

5G 关键性能指标包括数据传输速率、设备连接数密度、端到端时延、数据流量密度、终端的移动性和用户峰值速率等。在 5G 的典型应用场景中,如增强现实、虚拟现实、云存储、超高清视频、车联网、远程驾驶、智能家居等业务,结合各场景未来可能的用户分布、业务占比及对数据传输速率、时延等的要求,可以获得各种应用场景下的 5G 性能指标,如用户体验速率(0.1~1Gb/s)、终端连接数密度(百万连接/平方千米)、端到端时延(毫秒级)、流量密度(每平方千米不少于 10Tb/s)、移动性(500km/h)、峰值速率(不少于 10Gb/s)。其中,用户体验速率、终端连接数密度和端到端时延是 5G 的三个关键性能指标。同时,为了实现 5G 可持续发展,还需研究大幅度提高 5G 网络部署和运营效率的方法,特别要求在频谱利用效率、能源效率和成本效率方面比 4G 有明显提升。另外,从未来流量需求最具挑战的场景出发,结合 5G 可用的频谱资源和可能的部署方式,推算 5G 系统的频谱效率需要提高5~15 倍[29]。

由于 5G 具有更高的可靠性、更高的速率、更宽的带宽、更低的时延,因此,5G 能够满足普通消费者对虚拟现实(Virtual Reality,VR)、超高清视频等更高的网络体验需求,也符合智能制造、自动驾驶等行业应用的特定需求,拓宽多个产业融合的发展空间,支撑经济社会创新可持续发展。从自动驾驶系统的研究和开发应用来看,虽然谷歌和特斯拉等公司在自动驾驶上已经取得了显著的成果,但如果没有 5G 网络的支持,L5 级全自动驾驶将无法实现[30]。5G 提供的 1Gb/s 超高带宽和低至 1ms 的超低时延,能将车载智能感知终端和云端通过 5G-V2X 实现信息交互,进而支持自动驾驶的实现。

4.3.2　基于蜂窝移动通信的车联网

C-V2X 车联网是基于 LTE 以及 5G V2X 的车联网技术,即 LTE-V2X 和 5G-V2X,是 DSRC 技术的有力补充和潜在竞争者。目前,针对车联网应用,LTE-V2X 定义了集中式 (LTE-V-Cell)和分布式(LTE-V-Direct)两种通信方式。集中式 C-V2X 需要蜂窝基站作为中心控制节点,其定义汽车与路侧单元以及基站设备的通信方式;分布式 C-V2X 也称为直通式 C-V2X,无须基站参与 V2X 通信,其主要定义了汽车之间的通信方式,在一些文献中也表示为 LTE-Direct(LTE-D)及 LTE-D2D(Device-To-Device)。

1. C-V2X 系统

当前,C-V2X 主要借助 LTE 网络设施实现 V2V、V2N 及 V2I 的信息交互,用于满足超低延时、超高可靠性和高带宽的复杂应用场景,C-V2X 系统架构——LTE-V2X 如图 4-5 所示。

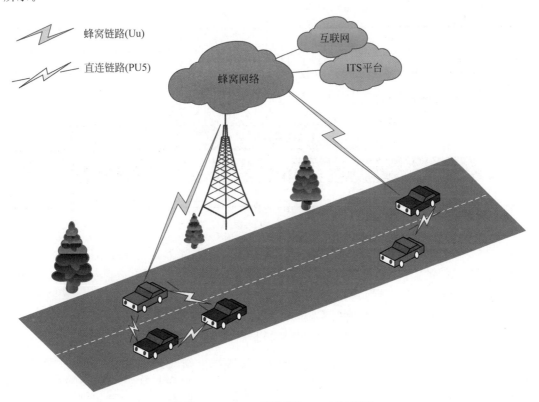

■ 图 4-5　C-V2X 系统架构——LTE-V2X

LTE-V2X 系统针对集中式和分布式的通信方式,分别设计了不同类型的空中接口。一类是 Uu 接口,是集中式 LTE-V2X 的空中接口技术,车与车、车与基础设施之间都需要将数据通过基站进行转发实现 V2X 通信。LTE-V2X 的 Uu 接口是在 LTE 的 Uu 接口基础上进行了针对性的强化,如通过优化 LTE 广播和多播技术,实现支持广播范围小且区域灵活可变的车联网业务,并对 CCH 进行优化以便进一步降低延时,用于支持便携式设备、车载单元、路侧单元与云平台的通信,不仅可以实现大带宽、大覆盖通信,而且可支持 V2X 通信信息安全认证和用户隐私保护。同时,通过网络的安全认证管理系统,可支持密钥的分发、管理、身份认证和 V2X 通信加密。另一类是 PC5 接口,用于实现车与车之间数据的直接传输(见图 4-5),即无须经过基站转发。LTE-V2X 的 PC5 接口是在 R12 LTE-D2D 基础上进行了多项增强设计,用于支持车与车之间动态信息(例如位置、速度、行驶方向等)的快速交换,实现汽车与周边节点低时延、高可靠的直接通信,满足行车安全需求。此外,还对物理层结构进行了多项优化,以便支持终端移动速度高达 500km/h 的特殊应用场景[31],并且在有蜂窝网络覆盖的场景下,数据传输可以在 Uu 接口和 PC5 接口之间进行无缝切换。

2. C-V2X 标准

C-V2X 作为 LTE 平台向垂直行业的延伸,3GPP 为汽车通信的增强技术进行了标准的制定和研究。当前,C-V2X 的标准化可以分为 3 个阶段,如图 4-6 所示。第一阶段的 3GPP R14 版本标准已正式发布,支持 LTE-eV2X 的 3GPP R15 版本标准已正式完成,支持 5G-V2X 的 3GPP R16＋版本标准也已启动研究。

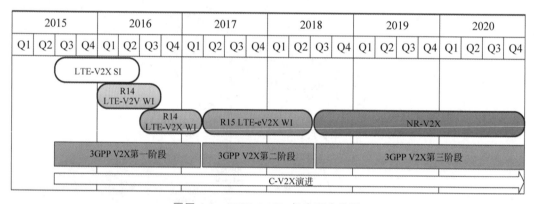

■ 图 4-6　3GPP C-V2X 标准研究进展

2013 年,大唐电信率先开始面向智能交通应用的 LTE 车联网技术研究,并首次提出基于 4G LTE 系统的 LTE-V 技术,该技术已成为 3GPP 国际标准,即 LTE-V2X。2014 年,大唐电信研制出了业界第一台具有完全自主知识产权的 LTE-V 设备,并于 2015 年开展了实际道路 LTE-V2X 典型应用场景验证测试。

2015 年初,3GPP 正式启动基于 C-V2X 的车联网技术需求和标准化研究。同期,中国也启动了基于 C-V2X 技术的车联网频谱研究。2015 年 2 月,3GPP 的 SA1 和 RAN1 工作组开展了 LTE 对 V2X 服务支持的研究,同年 6 月,开展了基于 LTE 网络技术的 V2X 可行性服务研究,标志着 LTE-V2X 技术标准化研究的正式启动[32]。3GPP 无线技术工作组于 2015 年 7 月启动了 SI 项目,研究制定 C-V2X 标准。同年 10 月,3GPP 完成了 LTE-V2X 空中接口技术标准规范,即 R13。2015 年 12 月,启动了基于 LTE PC5 接口的 V2V 项目,用于研究车与车直连的 V2X 通信标准。

2016 年初,3GPP 启动 C-V2X 架构研究,并于 2016 年底完成了标准化。6 月,3GPP 针对车路/车人等 V2X 标准,启动了"基于 LTE 的 V2X 业务"项目。9 月,3GPP 完成了 LTE-V 第一阶段的 V2V 标准,即基于终端直通模式的 V2V 标准化,并通过深入研究,引入了更优化的物理层解调参考信号、资源调度及干扰协调等技术。

2017 年 3 月,3GPP 制定了 LTE-V2X 空中接口 R14 技术规范。同年,3GPP 组织制定 5G-V2X 标准,完成了面向 5G-V2X 的网联智能驾驶业务需求工作,同时启动了 5G-V2X 空中接口 R15 技术规范的制定工作。

2018 年 6 月,3GPP 在美国圣地亚哥宣布冻结 R15 版本。在 R15 中,LTE-V2X 继续演进,通过传输分集保障更高的可靠性,减少资源选择窗口实现更低的延迟以及通过载波聚合和 64QAM 技术实现更高的数据速率,增强了 PC5 接口的性能,以满足性能要求更高的 V2X 服务,如汽车编队、远程驾驶、自动驾驶等。另外,支持 5G-V2X 的 3GPP R16+版本标准宣布启动研究,将与 LTE-V2X/LTE-eV2X 形成互补关系。5G 新空口(5G New Radio,5G NR)蜂窝网络的 C-V2X 也称为 NR-V2X[31]。

3. C-V2X 通信应用与发展

早在 3G 时代,国际通信行业就联合整车厂开展了基于蜂窝移动通信网络的 V2V 和 V2I 试验项目。2006 年,CoCar 项目正式启动,主要参与公司包括爱立信、沃达丰、MAN Trucks、大众等,测试了利用沃达丰的 3G 蜂窝网络在高速行驶的汽车之间传输安全告警消息的应用,验证了端到端时延少于 500ms。随后,爱立信、沃达丰、宝马、福特又进行了基于 LTE 网络的 CoCarX 紧急消息应用性能演示,实现了端到端时延低于 100ms。2012 年,欧盟资助了 LTEBE-IT 项目,开展研究 LTE 演进协议在 ITS 中的应用[32]。2015 年 6 月,沃达丰在英国盖登联合华为、捷豹路虎进行了 LTE-V 路测演示,德国电信基于华为提供的 LTE-V 硬件进行外场测试。

2016 年 9 月,奥迪、宝马、戴姆勒、爱立信、华为、诺基亚、英特尔和高通联合成立 5G 汽车联盟(5G Automotive Association,5GAA),5GAA 利用 LTE-V2X、5G-V2X 技术实现汽车与云平台的互联、与智慧城市和 ITS 的融合及信息交互等方案,用于满足自动驾驶、泛在接入服务等道路安全和智慧出行的应用需求。2016 年 11 月,中国工业和信息化部正式划分 5905~5925MHz 用于 C-V2X 技术研究和试验,并在北京-保定、重庆等车联网示范区开展测试和验证工作。同期,大唐电信对外展示其最新的芯片级 LTE-V2X 车载单元和路侧单元预商用设备[9]。

2017 年 4 月 ISO/TC 204 第 49 次全会在法国巴黎举行,会议通过了中国提出的 C-V2X 标准立项申请,确定了 C-V2X 作为 ISO ITS 系统的候选技术。2017 年 9 月,中国完成了第二阶段 C-V2X 标准发布,包括基于蜂窝网的 V2V、V2I 及 V2P 等通信标准。2017 年 11 月,AT&T、福特、诺基亚及高通子公司高通技术宣布开展美国首个公布的 C-V2X 试验。测试在圣迭戈区域试验场(SanDiegoRegional Proving Ground)进行,并获得圣迭戈政府协会(SANDAG)、加利福尼亚州运输局(Caltrans)、丘拉维斯塔市(Chula Vista)及智能交通系统(ITS)供应商 McCain,Inc. 的支持。2017 年 12 月,大陆集团与华为成功开展实地测试,在中国测试 C-V2X 通信标准的效能。在实地测试期间,两家公司通过可靠性和延迟等各类参数,在上海国际汽车城国家智能网联汽车(上海)试点示范区对 C-V2X 直接通信的性能进行判定。

2018 年 1 月,大陆、爱立信、日产、NTT DOCOMO、OKI 以及高通科技公司宣布在日本开展基于 C-V2X 的测试。此次测试是为未来大范围部署互联自动驾驶汽车做准备,此外,测试结果作为该行业向 5G NR 转变提供信息资源。5G NR 被 3GPP 定义为全球新的蜂窝技术标准。2018 年 2 月,PSA 与高通宣布了在 C-V2X 测试方面取得的进展,期间主要验证 C-V2X 技术是在汽车上部署 5G 网络技术,实现汽车间直接通信。2018 年 3 月,华为、Vodafone 和博世联合完成 C-V2X 与主动车距控制巡航系统(ACC)的测试,三家公司自 2017 年以来一直在德国巴伐利亚 A9 高速公路上使用标准 5G 网络,使用博世 ACC 进行测试。C-V2X 与 ACC 驾驶辅助系统的实时整合可带来更高效和更安全的驾驶。2018 年 4 月,福特与大唐电信在上海国际汽车城国家智能网联汽车(上海)试点示范区完成了一次 C-V2X 试验,试验依照 5GAA 的行业统一测试规程进行。2018 年 6 月,中国工业和信息化、国家标准化管理委员会印发了《国家车联网产业标准体系建设指南》,对车联网直接通信所使用的频段向社会公开征求意见,标志着中国在 C-V2X 的政策和产业化方面不断深化与发展。2018 年 7 月,高通官方网站宣布,其与奥迪、爱立信、杜卡迪成功测试了基于 C-V2X 的摩托车与汽车以及汽车与路边基站的直接通信能力,这也是欧洲首个 C-V2X 直接通信现场演示。该测试由德国联邦运输与数字基础设施部资助,无须 SIM 卡、蜂窝网络或者其他网络协助,且全程在 5.9GHz ITS 频段上直接通信[33]。同期,5GAA 与宝马、福特、PSA、高通等相关企业完成了欧洲首个跨车企 C-V2X 直接通信现场演示。

4.4 车联网辅助定位技术

车联网作为自动驾驶系统感知汽车周边信息的重要途径之一,是一种获得行人、汽车行驶状态(车速、刹车、变道)的必要手段,是自动驾驶汽车的"耳朵"[34]。而通过车联网获取动态地图数据是提高自动驾驶汽车定位精度的有效方法[35],近年来,越来越多的研究表明,通过利用车联网的车车、车路协同通信可提高汽车的定位精度[36]。因此,本节主要探讨基于车联网辅助的自动驾驶定位和室内定位。

4.4.1 车联网辅助地图数据的采集与发布

由第 2 章可知,高精度地图的数据主要包括反映道路基础设施的静态数据,反映交通运行情况(交通标志、交通控制、交通状况、道路性能和道路气象等)的准动态数据和反映道路目标物(道路拥堵情况、施工情况、是否有交通事故、交通管制情况、天气情况等动态交通信息等)的高度动态数据。其中准动态的交通运行数据和高度动态的道路目标物数据是实现自动驾驶高精度定位、辅助环境感知、规划与决策等功能的必要条件,且均可通过车联网进行动态数据的采集、发布与共享。车联网 V2X 辅助动态交通环境动态数据采集与发布如图 4-7 所示。

1. 车联网辅助准动态地图数据的采集与发布

准动态地图数据主要包括道路性能、道路气象、临时性交通标志以及交通控制等交通相关数据,其更新频次是秒或分钟级。准动态地图数据的采集与发布主体有交通信息管理云平台和地图云平台等。

交通信息管理云平台采集的数据包括路侧单元采集的交通状况、道路性能和道路气象

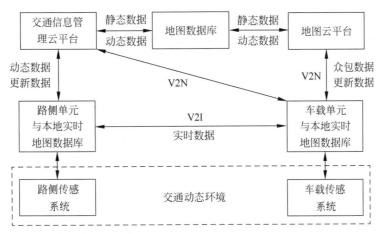

■图 4-7 车联网 V2X 辅助交通环境动态数据采集与发布

等交通运行数据,以及临时性交通标志和交通控制等交通管理数据;地图云平台采集的数据包括通过车载单元采集识别的交通状况、道路性能和道路气象等交通运行数据。已获取的准动态地图数据可通过 V2V、V2N 及 V2I 以众包方式上传到交通信息管理云平台和地图云平台等。

准动态地图数据的发布主要通过基于蜂窝移动通信的车联网技术实现,为汽车提供更精准的准动态地图数据支撑,用以更新车载高精度地图动态数据,进一步辅助自动驾驶定位。

2. 车联网辅助高度动态数据的采集与发布

高度动态数据主要是实时道路目标物数据,包括汽车位置、汽车行驶状态及行人等信息,存储在车载单元创建的实时汽车环境感知地图中。

高度动态数据可由车载传感器采集道路目标物获得,也可通过 V2X 采集实时交通动态环境数据。另外,每辆车均可通过 V2X 将汽车自身位置、状态、操作数据及途径行人位置以广播方式通知周围汽车,车载单元的动态地图不断更新周边汽车的位置和行人位置等信息,并通过与 SLAM 进行融合,即可创建一张实时更新的汽车环境感知地图,辅助自动驾驶汽车定位。

基于 V2X 的高度动态的道路目标物数据的发布,是对自动驾驶环境感知与定位的有效补充。由于车载传感器只能在可视范围内进行感知,在面对非视距的复杂路况时,如在没有交通信号灯的岔路口,或处于山峰顶、峡谷底或紧急转弯的道路,车载传感器可能存在感知盲区,不能有效识别汽车环境和交通运行环境。因此,基于 V2X 的高度动态数据交换是自动驾驶必不可少的环境感知与定位的手段。

4.4.2 室内定位技术

室内定位技术结合 GNSS 等室外定位技术可为自动驾驶汽车提供从道路到室内行驶场地的全程导航服务,解决大型复杂室内场地的汽车定位难题。本节将对主流的室内定位技术进行简要介绍。

1. 室内定位技术原理

室内定位技术是指在 GNSS 信号受遮挡的室内环境中实现汽车位置定位,包括采用无线通信、基站定位和惯性定位等多种技术集成,设计一套室内汽车定位体系架构,从而实现汽车等各类待定位目标或者流动站在室内空间中的位置感知。当前,常用的室内定位方法主要包括参考标签法、指纹定位法、距离交会定位法以及航迹推算等。航迹推算已在第 3 章进行了详细描述,本节将简单介绍参考标签法和指纹定位法,重点阐述距离交会定位法。

1) 参考标签法

参考标签法是在指定场景中按照一定方式布置用于定位的参考标签,提前记录标签的位置和标签到阅读器的接收信号强度指示(Received Signal Strength Indication,RSSI)值。当阅读器读取到目标标签时,获取其 RSSI 值并与参考标签的 RSSI 值进行对比,选取与目标标签 RSSI 值最接近的若干个参考标签,从而估计出目标标签的位置,实现室内目标的定位。

2) 指纹定位法

指纹定位法是指通过接收到的待定位目标信息值与已建立的信息库进行匹配,以确定待定位目标的位置。该定位方法通常包括离线采集和定位两个阶段。首先,离线采集阶段就是通过实际采集或计算分析建立指纹地图或指纹数据库。然后,定位阶段通过将实时接收到的数据特征与指纹信息库中的特征参数进行对比,进而找到最好的匹配参数,使待定位目标对应的位置坐标即被认为是待定位目标点的位置。显然,指纹定位法的优势是不需要参考测量点,定位精度较高,但前期离线建立指纹信息库的工作量巨大,且很难自适应环境变化较大的场景。

3) 距离交会定位法

距离交会定位法是通过测量流动站到至少三个已知参考点的距离,进而确定流动站的位置。具体原理如式(4-1)所示。流动站坐标为 (X_a, Y_a, Z_a),获取与三个已知参考点之间的距离及位置信息,其信息集为 (X_1, Y_1, Z_1, d_{1a})、(X_2, Y_2, Z_2, d_{2a})、(X_3, Y_3, Z_3, d_{3a}),则可组成下列方程组求解流动站坐标。

$$\begin{cases} (X_1 - X_a)^2 + (Y_1 - Y_a)^2 + (Z_1 - Z_a)^2 = d_{1a}^2 \\ (X_2 - X_a)^2 + (Y_2 - Y_a)^2 + (Z_2 - Z_a)^2 = d_{2a}^2 \\ (X_3 - X_a)^2 + (Y_3 - Y_a)^2 + (Z_3 - Z_a)^2 = d_{3a}^2 \end{cases} \tag{4-1}$$

距离交会定位方法基于不同的测距方式分为基于 RSSI、基于信号到达时间(Time Of Arrival,TOA)、基于信号到达时间差(Time Difference Of Arrival,TDOA)以及基于信号到达角度(Angle Of Arrival,AOA)的定位方法。

(1) RSSI 测量。

RSSI 测量是通过推算信号在自由空间的传播损耗,可使用理论或经验模型将传播损耗转化为测量距离。

在自由空间中,距离发射机 d 处的天线接收到的信号强度可表示为

$$\frac{P_R}{P_T} = \frac{G_R G_T \lambda^2}{(4\pi)^2 d^2 L} \tag{4-2}$$

其中,P_R 表示距离 d 处的天线接收功率,P_T 表示发射天线的信号功率,G_R 表示接收天线

的增益，G_T 表示发射天线的增益，λ 表示信号波长，$L(L>1)$ 表示系统的损失。

（2）TOA 测量。

TOA 测量是测量信号在流动站和基站之间的单程传播时延或往返时间。前者要求基站与流动站之间的时钟必须同步。

TOA 测量属于多边定位方法。假设电磁波从流动站到基站的传播时延为 t，传播速度为 c，则该流动站位于以该基站为圆心、半径为 ct 的圆上。以此类推，流动站也在第二个、第三个基站的圆上，故流动站的位置坐标即为三个圆的交点。如图 4-8 所示，A、B、C 是三个已知位置信息的基站，P 为流动站，R_1、R_2、R_3 分别为流动站到基站 A、B、C 的距离。

（3）TDOA 测量。

TDOA 测量也是测量信号到达时间，与 TOA 不同之处在于，TDOA 使用到达时间差进行定位计算，利用双曲线交点确定流动站位置，不需要基站和流动站的精确同步。通过 TDOA 测量，可以得到流动站到两个基站的距离之差，即流动站位于以两个基站为焦点的双曲线的交点。再引入第三个基站，可得到两个以上双曲线方程，则双曲线的交点即为流动站的位置。如图 4-9 所示，A、B、C 为三个已知位置的基站，P 为流动站，R_1、R_2、R_3 分别是流动站到基站 A、B、C 的距离，其中 R_2-R_1、R_3-R_1 为定值。

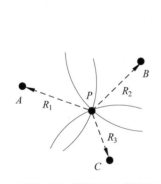

■图 4-8　基于 TOA 的定位
原理示意图

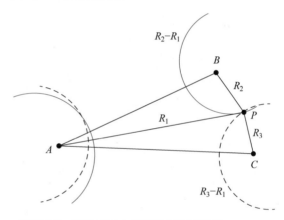

■图 4-9　基于 TDOA 的定位原理示意图

（4）AOA 测量。

AOA 测量是通过流动站的接收机的天线阵列测出被接收的电磁波的入射角度，具体包括测量基站信号到流动站的角度或者流动站信号到达基站的角度，这两种方式均会利用基站到流动站的方向线。如图 4-10 所示，两个基站 A 和 B，可以得到两条方向线，其交点即为流动站位置。因此，AOA 方法只需两个基站即可确定流动站的位置信息。θ_1 为流动站 P 的信号到达基站 A 的角度，θ_2 为流动站 P 的信号到达基站 B 的角度。

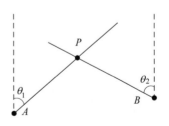

■图 4-10　基于 AOA 的定位
原理示意图

显然，AOA 测量定位需要准确获知电磁波的入射角，对天线的设计要求非常高。如果每个基站或者流动站均安装天线阵列，将导致设备复杂度变高，而在室内环境中，多径效应和环境变化均会严重影响接收信号的方向判断,影响流动站的定位精度。

2. 室内定位关键技术

根据上述介绍的定位原理及方法,可衍生出多种室内定位技术,本节将对现有的主流室内定位关键技术进行简要说明。

1) Wi-Fi 定位

基于 IEEE 802.11 标准的 Wi-Fi 热点已大量部署在人们的生活中,Wi-Fi 定位的优势在于不需要额外部署设备,信号覆盖范围大,定位成本低,适用性强,且利于普及推广。目前,基于 Wi-Fi 室内定位系统主要利用 RSSI 的指纹数据库定位以及通过 RSSI 距离交会方法进行定位。

基于 RSSI 的指纹数据库定位法是目前主流的 Wi-Fi 定位手段,但 Wi-Fi 信号易受干扰,目前对 Wi-Fi 定位精度的优化主要集中在指纹匹配算法以及 RSSI 测距上,其定位精度基本满足室内定位需求。

2) RFID 定位

RFID 是一种利用电感和电磁耦合的传输特性,实现对目标物体的自动检测与识别。RFID 定位系统通常由电子标签、射频阅读器及后台计算机数据库组成,常用的定位方法是邻近检测法,即利用 RSSI 实现多边定位算法可在一定程度上实现范围估计,进而实现物体定位。根据电子标签是否有源可以分为无源 RFID 系统和有源 RFID 系统。无源 RFID 系统利用电感耦合实现对被识别物体的检测,相比有源 RFID,体积更小,耐用性更高,成本更低,多使用邻近检测实现定位。有源 RFID 系统的电子标签含电池,因此电子标签的射频信号传输范围相比无源 RFID 更大,达到 30m 以上,可用于实现基于 RSSI 测量的指纹定位。

3) 超宽带定位

超宽带(Ultra Wide Band,UWB)定位系统通常包括 UWB 接收器、参考标签及其他标签。UWB 技术通过发送纳秒级超窄脉冲来传送数据,可获得吉赫兹级的带宽,发射功率低且无载波。由于其高带宽,理论上基于 TOA 或 TDOA 方法的 UWB 定位可以实现厘米级的定位精度,但在室内定位应用场景下,UWB 信号在传播中易受到多径和非视距的影响,导致定位精度受到很大影响。对此,UWB 定位技术的精度优化主要集中在改进 UWB 信号测距算法上,如伪距差分法、相干 TOA 测距等算法被用于减少多径和非视距对 UWB 定位的影响。

4) 可见光定位

可见光定位是将 LED 光源安装在室内的天花板或室内其他顶部位置,通过将编码调制信号加载到光电模块上,LED 光源就可以向外发送明暗闪烁的光信号。在流动站配备光检测器,用于接收光信号,通过对光信号进行光电转换、信号调理等方式,就可以提取出光信号中包含的数据信息,并在现有数据信息的基础上,采用相应的定位算法就可推算出流动站的坐标信息。

5) 地磁定位

地球上 98% 的地域都可以采用地磁来进行匹配导航,地磁匹配导航是将预先选定区域的地磁异常值制成参考地磁图并存储在流动站中。当载体通过预先选定区域时,地磁传感器实时测量地磁场强度,进而转化成地磁异常值,并构成实时地磁图。在惯性导航系统标注位置的基础上把实时地磁图与预存的参考地磁图进行匹配,确定实时地磁图在参考地磁图中的最佳相关点,从而确定出载体的精确位置。地磁定位技术是一种采用地磁地图进行定位的方案,且通常采用指纹定位的方法。因此,需要预先探测室内环境中的地磁并建立指纹数据库,实时定位时将测得的地磁信息与数据库进行匹配,完成定位。同时室内磁场具有较强的稳定性,故室内地磁场是一种可运用于室内定位导航的有效信息源。

4.5 本章小结

本章简述了无线通信辅助汽车定位技术,分析和阐述了车联网体系架构,对车联网的信息交互与共享技术进行了归类和简要说明。然后,从车联网的两种主流通信技术的背景、标准、发展及应用等方面进行阐述。此外,探讨了车联网辅助定位技术和室内定位技术,以便用于提高自动驾驶汽车的定位精度。本章的学习有助于初学者对车联网的相关内容进行全面的认识和了解,也能给予从事自动驾驶汽车定位的相关人士一定的启示。

参考文献

[1] https://baike. baidu. com/item/%E8%BD%A6%E8%81%94%E7%BD%91/6724145? fr = aladdin.

[2] http://www. sohu. com/a/225269418_455835.

[3] http://www. eefocus. com/automobile-electronics/376013.

[4] http://www. sohu. com/a/202146660_465591.

[5] http://www. cheyun. com/content/16913.

[6] http://www. elecfans. com/qichedianzi/641227. html.

[7] UZCÁTEGUI R A, DE SUCRE A J, ACOSTA-MARUM G. Wave: A tutorial [J]. IEEE Communications Magazine,2009,47(5):126-133.

[8] IEEE Standards Association. Wireless LAN Medium Access Control (MAC) and Physical Layer (PHY) Specifications Amendment 6: Wireless Access in Vehicular Environments[J]. Standard IEEE, 2010,802.

[9] https://www. ednchina. com/news/20171018V2X. html.

[10] https://www. leiphone. com/news/201710/uHWCAdPfhfDGvMIs. html.

[11] https://www. xianjichina. com/news/details_67527. html.

[12] SEGARRA G. Activities and applications of the car 2 car communication: the Renault vision[J]. Special Session Inter-Vehicle Communication and Cooperative Systems 5th European ITS, Hannover (Germany),2005.

[13] ZHU J, Roy S. MAC for dedicated short range communications in intelligent transport system[J]. IEEE Communications Magazine, 2003, 41(12): 60-67.

[14] JIANG D, TALIWAL V, MEIER A, et al. Design of 5. 9 GHz dsrc-based vehicular safety communication[J]. IEEE Wireless Communications, 2006, 13(5):36-43.

[15] YIN J, ELBATT T, YEUNG G, et al. Performance evaluation of safety applications over DSRC vehicular ad hoc networks[C]//Proceedings of the 1st ACM international workshop on Vehicular ad hoc networks. ACM, 2004: 1-9.

[16] ELBATT T, GOEL S K, HOLLAND G, et al. Cooperative collision warning using dedicated short range wireless communications[C]//Proceedings of the 3rd international workshop on Vehicular ad

hoc networks. ACM，2006：1-9.

[17]　XU Q，SEGUPTA R，JIANG D，et al. Design and analysis of highway safety communication protocol in 5. 9 GHz dedicated short range communication spectrum[C]//The 57th IEEE Semiannual Vehicular Technology Conference，2003. VTC 2003-Spring. IEEE，2003，4：2451-2455.

[18]　LI X H，HU B J，CHEN H，et al. An RSU-coordinated synchronous multi-channel MAC scheme for vehicular ad hoc networks[J]. IEEE Access，2015，3：2794-2802.

[19]　LI X H，HU B J，Andrieux G. A Novel RSU-coordinated Multi-channel MAC for Vehicular Ad Hoc Networks [C]//The third Sino-French Workshop on Information and Communication Technologies (SIFWICT 2015). 2015.

[20]　LI X H，HU B，CHEN H，et al. Analysis of connectivity probability and hop count for multi-hop broadcasting in vehicular networks[C]//2013 International Conference on Connected Vehicles and Expo (ICCVE). IEEE，2013：551-555.

[21]　https：//www. sohu. com/a/272280326_649849.

[22]　http：//www. vccoo. com/v/tc2lg9_2.

[23]　https：//baike. baidu. com/item/3g/99011? fr＝aladdin.

[24]　http：//www. xinhuanet. com/fortune/2018-11/10/c_1123691972. htm.

[25]　http：//tech. ifeng. com/a/20180614/45026252_0. shtml.

[26]　https：//baike. baidu. com/item/TD-LTE/1855048? fr＝aladdin♯4.

[27]　http：//www. cctime. com/html/2018-2-27/1362922. htm.

[28]　https：//baike. baidu. com/item/fdd-lte/3555646? fr＝aladdin.

[29]　http：//www. miit. gov. cn/n1146312/n1146909/n1146991/n1648534/c3489404/content. html.

[30]　http：//www. elecfans. com/d/657226. html.

[31]　https：//www. baidu. com/link? url＝2rMgGGCil7oGcA9ZSdWTICTsGW1l9Ul_UsPYKwgo2u1bxy8JK90-2_ dNPlOaOXEZ&wd＝&eqid＝bb3f5398000030af000000065bfd3580.

[32]　http：//www. cheyun. com/content/19241/.

[33]　https：//baijiahao. baidu. com/s? id＝16117542871968920001&wfr＝spider&for＝pc.

[34]　http：//www. eefocus. com/automobile-electronics/376013.

[35]　http：//www. sohu. com/a/233751253_115978.

[36]　HOSSAIN M A，ELSHAFIEY I，AL-SANIE A. Cooperative vehicular positioning with VANET in urban environments [C]//2016 IEEE Asia-Pacific Conference on Applied Electromagnetics (APACE). IEEE，2016：393-396.

第5章 自动驾驶高精度地图 与定位实践

本章 5.1 节是高精度地图实践,图像处理和激光点云处理是制作高精度地图的关键技术,主要讲解交通标志牌识别与激光点云配准实验,让读者对高精度地图的制作有更加深入的了解。5.2 节是基于 Apollo 平台的定位实践,主要包括 GNSS/IMU 定位、LiDAR/IMU 定位、多传感器融合定位及自定义定位实验,让读者从定位实验中了解和学习 Apollo 平台的构成和基本操作,便于读者自行开展基于 Apollo 平台的自动驾驶技术开发及应用实践。

5.1 高精度地图实践

在自动驾驶领域,高精度地图无疑是保证自动驾驶安全可靠的关键技术之一。其格式化存储了交通场景中的各种交通要素,提供厘米级高精度地图数据。这些数据包括道路网、车道网络、车道线以及交通标志等多种有效信息,并通过一定数据格式将各种数据制作成高精度地图文件,给自动驾驶汽车的决策系统提供决策依据。

一般而言,高精度地图制作主要包括原始数据采集、地图制作及编译与发布 3 个部分。实际的地图制作流程因不同地图商而异,下面以百度公司的高精度地图制作流程为例进行说明,具体制作流程如图 5-1 所示。

1. 原始数据采集

在高精度地图采集的业务中,原始数据的采集一般包括采集任务的下达、任务的分配与数据准备、外业采集设备的准备、数据采集和整理、数据的检查及最终的数据存盘等一系列流程。简化的外业采集流程如图 5-2 所示。

外业采集流程中的任务分配与数据准备包括采集的计划、任务的分配文档、采集过程中所需要的技术手册及需要用到的底图等。图 5-3 是百度 Apollo 高精度地图采集车,其中用于地图采集的传感器设备如图 5-4 所示,从左至右分别为激光雷达和摄像头、GNSS 天线、GNSS & IMU。

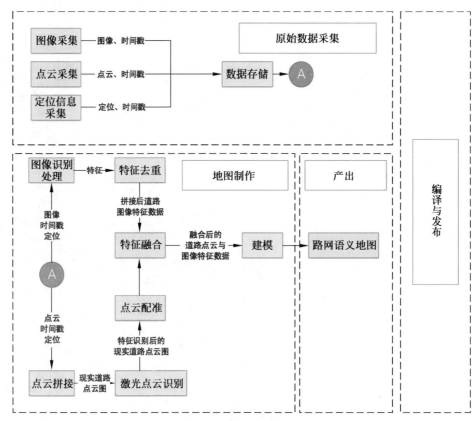

■图 5-1　高精度地图制作流程

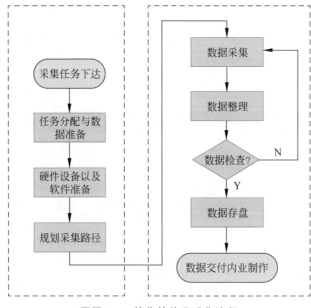

■图 5-2　简化的外业采集流程

■图 5-3　百度 Apollo 高精度地图采集车

■图 5-4　地图采集传感器设备

在硬件设备以及软件准备阶段,采集技术人员需要将激光雷达、摄像头等硬件设备装配到采集车上,再通过软件工具查看硬件设备是否工作正常、基站信号是否接入等。此外,外业采集用到的基站也要架设在具有一定高度、视野开阔、遮挡物少的地方,如高楼顶部。

规划好采集路径后,数据采集流程包括 GNSS 数据的对准、INS 数据的采集、激光点云数据采集以及图像数据的采集。其中,GNSS 的对准是为了矫正定位,保证整个采集过程中 GNSS 数据稳定可靠。

在图像数据采集中,需要提前根据相机内参、外参和拍摄角度,进行参数标定。在激光点云采集过程中,通过安装在汽车顶部的多线激光雷达对汽车周围环境进行周期性扫描,获取激光点云数据。同样,激光雷达也需要根据线数、转速、扫描位姿,进行参数标定。最后通过 GNSS 与 IMU 融合获取精确位置信息,并进行定位信息解算完成位置数据采集。摄像头与激光雷达采集的原始图像与激光点云数据示例如图 5-5 所示。

数据采集完成之后,需要将采集好的数据进行整理,并对激光点云数据、GNSS 授时等数据进行检查,如果数据不正常,还需要退回到数据采集阶段,进行重新采集。

完成上述步骤后,即可将采集好的数据进行存盘并交付到内业数据制作部门。

■ **图 5-5   原始图像与激光点云数据示例**

2. 地图制作

原始数据采集完成后,地图制作部门即可从云端下载数据,并进行地图制作。为了方便读者理解,接下来对图 5-1 的高精度地图制作中的主要步骤进行说明。

特征识别:分为图像识别处理和激光点云识别,通过策略或语义分割等方式,提取包括车道线、标志牌、杆、地面、护栏、路沿等基本道路关键目标特征。

特征去重:针对多帧图像识别后的数据进行融合,提取单趟采集的道路特征数据。

点云拼接:将单趟采集的激光点云帧进行坐标统一和拼接。

点云融合:对多趟采集的激光点云数据进行匹配,用于数据补全、更新、合并场景,并产出激光点云地图。

特征融合:将多源特征数据进行融合,包含匹配、合并、过滤、调整等操作。

建模:根据识别后的特征数据,整合、构建矢量的语义化路网数据,以供编译和发布使用。

经过上述高精度地图的外业采集以及地图制作的一系列复杂的地图制作流程后,高精度地图制作就完成了。

3. 编译与发布

高精度地图制作完成后,交给编译与发布团队进行后期处理,包括地图更新、地图应用服务以及地图回传等工作。这些工作有利于提高地图的精度和改善服务质量。编译与发布流程图 5-6 所示。

在地图的编译与发布阶段,主要工作是对地图制作部门提供的高精度地图数据格式进行转换,将具有格式公开、关系化和人机友好等特点的地图数据格式转换为格式私有、对象化且对机器友好的数据格式,使其便于在自动驾驶汽车上进行存储。其中,格式转换势必会带来数据存储中的 ID 转换、模型转换以及业务逻辑转换和映射。而将地图应用在汽车上时,还需考虑使用汽车的实际情况,进行地图坐标系统的转换。

地图发布后,为了保证数据实时可靠,需要对地图进行更新。一般来说,更新可分为全

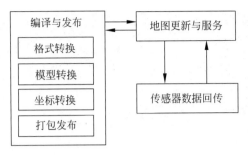

■图 5-6 编译与发布流程图

局更新、部分更新以及增量更新三种场景。例如,地图只有某一小部分路线需要更新时,不需要对地图其他部分进行更新操作,对应的策略是增量更新。

选择地图更新场景后,实现地图的更新方式多种多样。既可以是车与车之间的地图共享(V2V 方式),也可以通过自动驾驶汽车从路边基础设施(V2I 方式)、云端服务器(V2N 方式)、手机移动端(V2P 方式)及现成的外置存储设备中获取。地图服务则是一个通过地图提供方获取地图数据,然后做最可能路径(Most Probable Path,MPP)的构建和数据传输协议等适配的过程。最后,为了解决高精度地图的实时性低、数据获取复杂等问题,高精度地图发布之后还需要有回传机制,以保证能够收集如运行日志、崩溃日志、汽车行驶状态、传感器以及地图采集等可供分析和生产的各种数据。

通过以上处理,高精度地图的制作和应用形成一个有效闭环,从而提高了高精度地图的准确性和精度,进而提升了自动驾驶应用的效果。

5.1.1 基于 Caffe 的交通标志牌识别实验

图像拥有比激光点云更加丰富的颜色和形状信息,可以提取交通标志牌中显示的各种文字、图形等信息。通过前面章节的介绍已经了解到,对于高精度地图而言,地图的数据不仅包含某物的属性类别,而且还包含该类别具体的特征参数。对于图 5-7 所示的交通标志牌,通过激光点云可以识别出此位置有多个物体,并获取它的深度(距离)信息;但激光雷达采集的激光点云信息有限,不能对标志牌上的具体内容进行解读与识别,如图 5-8 所示。因此,将图像识别与激光点云的深度信息融合建模识别交通元素的方法,在高精度地图的制作中十分重要。

■图 5-7 交通标志牌

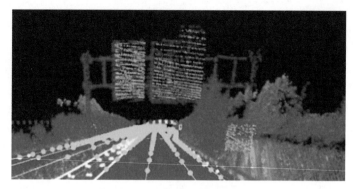

■图 5-8　交通标志牌激光点云

对于人类驾驶员来说,通过眼睛获取标志牌图像后可瞬间在大脑中将交通元素转换为能理解的语义信息,但自动驾驶汽车为了获取交通标志牌上的汽车类型、限速及应急车道等各种语义信息,需要利用各种算法对图像进行处理,才能得到该图像所代表的交通含义。为模拟人类驾驶员进行道路交通元素的识别,下面学习如何基于 Caffe 进行交通标志牌识别。

1. Caffe 简介和配置

Caffe(Convolutional Architecture for Fast Feature Embedding)是由毕业于 UC Berkeley 大学的贾杨清开发的一个简洁方便、执行效率高的开源深度学习框架。由于 Caffe 使用了模块化的设计思想,适合开发者根据自身的需求进行各种应用创新。对于 Caffe 的使用,通常有两种运行模式:一种为拥有 GPU 加速的运行模式,即 GPU 模式,另一种为仅使用 CPU 运行的模式,即 CPU 模式。两种模式在编译环境以及参数的配置上有所差异。在性能上,GPU 模式拥有 GPU 加速运行,使得整个模型训练时间大大减少,提高了开发效率,但考虑到部分读者没有可运行的 GPU 环境,本书中实验采用 CPU 模式。

对于 Caffe 所使用的依赖项以及 NVIDIA 显卡驱动、CUDA、OpenCV 等软件库的安装,限于篇幅,不再赘述。本书重点介绍 Caffe 在 Ubuntu16.04 系统环境下的安装、编译和使用。

首先是下载 Caffe 安装包,下面介绍两种下载方法。

方法一:选择一个合适的文件目录,进入目录后输入以下指令下载 Caffe。

```
git clone https://github.com/BVLC/caffe.git
```

方法二:通过浏览器在 https://github.com/BVLC/caffe/中下载。

下载完成后进入 Caffe 文件夹,将文件夹中的 Makefile.config.example 文件复制一份,命名为 Makefile.config,并通过 vim 编辑器打开 Makefile.config 文件。运行指令如下:

```
sudo cp Makefile.config.example Makefile.config
vim Makefile.config
```

如果读者需要使用 GPU 模式运行,Makefile.config 文件中待修改的源代码如下:

```
1    # USE_CUDNN := 1
2    # CUDA_DIR := /usr/local/cuda
3    # CUDA_ARCH := - gencode arch = compute_20,code = sm_20 \
4    # - gencode arch = compute_20,code = sm_21 \
5    # - gencode arch = compute_30,code = sm_30 \
6    # - gencode arch = compute_35,code = sm_35 \
7    # - gencode arch = compute_50,code = sm_50 \
8    # - gencode arch = compute_50,code = compute_50
```

去掉上述代码中的注释符"#",并且将 CUDA_DIR 更换为读者自己的 CUDA 安装路径,同时,如果读者使用的 CUDA 版本为 8.0 及以上,则需要将"-gencode arch＝compute_20,code＝sm_20 \"和"-gencode arch＝compute_20,code＝sm_21 \"删除,修改后的代码如下:

```
1    USE_CUDNN := 1
2    CUDA_DIR := /usr/local/cuda
3    CUDA_ARCH := - gencode arch = compute_30,code = sm_30 \
4    - gencode arch = compute_35,code = sm_35 \
5    - gencode arch = compute_50,code = sm_50 \
6    - gencode arch = compute_50,code = compute_50
```

为了添加运行时必要的第三方依赖库,如 OpenCV 等,还需修改 Makefile. config 配置文件中 INCLUDE_DIRS、LIBRARY_DIRS 等参数。待修改的源码如下:

```
22   # Uncomment if you're using OpenCV 3
23   # OPENCV_VERSION := 3
...
96   # Whatever else you find you need goes here.
97   INCLUDE_DIRS := $ (PYTHON_INCLUDE) /usr/local/include
98   LIBRARY_DIRS := $ (PYTHON_LIB) /usr/local/lib /usr/lib
...
```

删除上述代码中第 23 行的注释符"#"以及修改部分参数后的代码如下:

```
22   # Uncomment if you're using OpenCV 3
23    OPENCV_VERSION := 3
...
96   # Whatever else you find you need goes here.
97   INCLUDE_DIRS := $ (PYTHON_INCLUDE) /usr/local/include
98   /usr/include/hdf5/serial
99   LIBRARY_DIRS := $ (PYTHON_LIB) /usr/local/lib /usr/lib
100  /usr/lib/x86_64 - linux - gnu /usr/lib/x86_64 - linux - gnu/hdf5/serial
...
```

上述配置文件修改完成后保存并关闭。接下来,在当前目录下打开 Makefile. config 文件,配置其 LIBRARIES 和 NVCCFLAGS 参数,待修改的代码如下:

```
...
181    LIBRARIES += glog gflags protobuf boost_system boost_filesystem m
...
423    NVCCFLAGS += - ccbin = $ (CXX) - Xcompiler - fPIC $ (COMMON_FLAGS)
...
```

修改后,代码如下:

```
...
181    LIBRARIES += glog gflags protobuf boost_system boost_filesystem m hdf5_serial_hl
...
423    NVCCFLAGS += NVCCFLAGS += - D_FORCE_INLINES - ccbin = $ (CXX) - Xcompiler
424    - fPIC $ (COMMON_FLAGS)
...
```

修改完上述文件之后,即可测试 Caffe 安装是否成功,在 Caffe 的根目录下运行如下指令:

```
make all
make test
make runtest
```

另外,为了加快编译过程,可以运行"make all -j8"实现并行编译。其中,"8"表示并行编译线程的数量(建议线程数量选择相应的机器内核的数量)。

进一步,交通标志牌图像识别程序需要用 Python 执行,因此,需要为 Python 安装 Caffe 模块 pycaffe,使其能够在程序中调用 Caffe。安装指令运行如下:

```
sudo apt - get install python - numpy
cd caffe
sudo make pycaffe - j8
sudo export PYTHONPATH = /caffe/python $ PYHTONPATH
source ~ /. bashrc
```

上述指令中"/caffe/python"路径应该修改为读者的 Caffe 中的 Python 路径。

进一步,还需安装一些必要的依赖,安装指令如下:

```
sudo pip install - U scikit - image
sudo pip install easydict
sudo pip install protobuf
```

进一步,为验证上述安装是否成功,在终端输入如下指令:

```
python
import caffe
```

如果终端未提示任何错误信息,则表示 Python 中的 Caffe 包安装成功,接下来就可在 Python 脚本中调用 Caffe 框架进行深度学习的训练以及模型的检测。至此,实践环境已经安装成功。

2. 基于 Caffe 框架的交通标志牌识别

步骤 1：设置编译环境

首先，在应用 Caffe 之前，需修改 Makefile. config 文件，以适应模型训练及后续应用。通过编辑器打开 Makefile. config 文件，找到其中第 12 行代码，将其前面的注释符"#"去掉，并设置"USE_LEVELDB：=1"，表示使用 LEVELDB 数据格式。然后，将第 18 行代码中的 ALLOW_LMDB_NOLOCK 的注释符删除，并将其值设为 1。修改完成后的代码如下：

```
...
10    # uncomment to disable IO dependencies and corresponding data layers
11    # USE_OPENCV : = 0
12    USE_LEVELDB : = 1
13    # USE_LMDB : = 0
14
15    # uncomment to allow MDB_NOLOCK when reading LMDB files (only if necessary)
16    #     You should not set this flag if you will be reading LMDBs with any
17    #     possibility of simultaneous read and write
18    ALLOW_LMDB_NOLOCK : = 1
19
20    # Uncomment if you're using OpenCV 3
21    OPENCV_VERSION : = 3
```

注意，在 Makefile. config 文件中，如果你所安装的依赖项不是默认下载路径时，需要将下载好的各个依赖项中的 include 与 lib 路径分别添加到 INCLUDE_DIRS 与 LIBRARY_DIRS 的值中。修改完成之后读者需要在 Caffe 根目录下输入指令 make，将其重新编译一次，编译成功后，再进行下一步的学习。

步骤 2：数据准备与预处理

为了训练标志牌识别模型，实验需要准备各种标志牌的图片。一般来说，每一类标志牌的图片数量越多越好，但是在准备这些图片时需注意图片的类别应该严格区分，否则可能使模型的训练结果不够理想。为了让读者充分了解并实践整个过程，随书提供了包含 267 种交通标志牌图用于训练和测试。接下来详细讲解数据准备过程。

首先，在 Caffe 目录下建立一个读者自己的工作目录，这个目录下将存放训练所需的配置文件、执行文件、训练图片及模型等一系列数据。当然读者也可以参考书中所给的目录进行创建，也可以将随书提供的 mytest 压缩包解压后移动到安装好的"caffe/examples/"目录下。mytest 下的文件目录见表 5-1。

表 5-1　mytest 下的文件目录

名　　　称
classification_data
creat_leveldb. sh
model
test_cls
train_new. sh
read. me

由于在 Caffe 中无法直接读取图片数据,因此,需要将图片数据转换为 LEVELDB 或者 LMDB 才能被 Caffe 识别使用。为方便读者进行学习,随书提供图片数据转换的脚本,请参 考 create_leveldb.sh 文件。文件代码如下:

```sh
1    #!/bin/sh
2
3    # 如果您使用了不同的文件目录,请对 IMGDIR 进行相应修改
4    IMGDIR = examples/mytest/classification_data
5
6    # 数据使用格式。如果使用 LMDB 格式,修改成 BACKEND = "lmdb"
7    BACKEND = "leveldb"
8
9    # 图像转换命令。将训练数据 resize,并转成 BACKEND 类型数据
10   build/tools/convert_imageset -- shuffle \
11   -- resize_height = 227 -- resize_width = 227 \
12   $ IMGDIR/ $ IMGDIR/train_label.txt   $ IMGDIR/train_leveldb
13   -- backend = $ {BACKEND}
14
15   # 转换测试集数据
16   build/tools/convert_imageset -- shuffle \
17   -- resize_height = 227 -- resize_width = 227 \
18   $ IMGDIR/ $ IMGDIR/val_label.txt   $ IMGDIR/val_leveldb
19   -- backend = $ {BACKEND}
20   echo "finish!"
```

上述数据转换脚本中,用到了 Caffe 的格式转换工具 convert_imageset。其中参数 shuffle 为 bool 类型,表示是否将数据集的图像顺序打乱,其默认值为 false。resize 为重定 义大小参数,其值为 int32 的类型,表示将图片的宽或高进行改变。backend 参数为 string 类型,表示将数据集转换为其值对应的数据格式。

鉴于前面章节已经编译了 Caffe,接下来将直接在 Caffe 根目录下执行 create_leveldb. sh 脚本,运行指令如下:

```
./examples/mytest/create_leveldb.sh
```

上述操作执行结束后,会在 classification_data 文件夹目录下,新生成 train_leveldb 和 val_leveldb 两个文件夹,分别用于模型训练和测试。

步骤 3:设计与训练模型

本实验选用了由 UC Berkeley 和 Stanford 研究人员一起完成的一个轻量化网络结构模 型 SqueezeNet。这一网络结构模型的特点在于其保持了如 AlexNet 网络模型的识别精度 的同时,还减小了其参数量及计算量,降低了内存占用率。因此,SqueezeNet 可以更好地应 用在智能驾驶、智能机器人等多种移动应用领域。为简化描述,本节只对 SqueezeNet 网络 模型进行了简单的介绍,如果想获取更多与 SqueezeNet 相关的理论知识,读者可参考文献[1]。 设计与训练流程如下。

① train_val. prototxt 配置文件。

mytest/model/路径下的 train_val. prototxt 配置文件即是实验所使用的 SqueezeNet

网络模型。文件的第 1～7 行是模型的作者以及发表时间等信息注释。对于 Caffe 模型来说，一个模型由多个层(Layer)构成[2]，每一层又包含许多参数，所有的参数都定义在 caffe.proto 这个文件中。层又有很多种类型，如 Data、Convolution、Pooling 等，而层与层之间的数据流动格式为 blob。因此，读者要熟练使用 Caffe，最重要的就是学会 prototxt 配置文件的编写。下面将根据 SqueezeNet 模型中的各个层进行简要介绍。

　　Data 层是每个模型的底层，也是模型的入口，获取训练或测试的数据。下面代码中的两个 Data 层分别获取模型的训练数据集与测试数据集，二者的数据源路径参数分别见示例程序的第 23 行、43 行，数据源的路径需读者根据自己计算机中数据文件的路径进行修改。进一步，数据的预处理(如减去均值、放大、缩小、裁剪和镜像等)通常也是在 Data 层通过设置参数实现。该层的配置文件代码如下：

```
...
8    layer {
9      name: "data"
10     type: "Data"
11     top: "data"
12     top: "label"
13     include {
14       phase: TRAIN
15     }
16     transform_param {
17       crop_size: 227
18       mean_value: 104
19       mean_value: 117
20       mean_value: 123
21     }
22     data_param {
23       source: "examples/mytest/classification_data/train_leveldb"
24       batch_size: 32 # * iter_size
25       backend: LEVELDB
26     }
27   }
28   layer {
29     name: "data"
30     type: "Data"
31     top: "data"
32     top: "label"
33     include {
34       phase: TEST
35     }
36     transform_param {
37       crop_size: 227
38       mean_value: 104
39       mean_value: 117
40       mean_value: 123
41     }
42     data_param {
```

```
43          source: "examples/mytest/classification_data/val_leveldb"
44          batch_size: 25 #not * iter_size
45          backend: LEVELDB
46        }
47     }
   …
```

Caffe 中的视觉层包含了 Convolution、Pooling、Local Response Normalization 等。Convolution 层是 CNN 中的核心层,其中,参数 num_output 表示卷积核的个数;kernel_size 表示卷积核大小,一般情况下,kernel_size 长和宽相等,若不相等,则需要通过 kernel_h 和 kernel_w 参数分别设定;weight_filler 表示权值的初始化。该层的配置文件代码如下:

```
   …
48   layer {
49     name: "conv1"
50     type: "Convolution"
51     bottom: "data"
52     top: "conv1"
53     convolution_param {
54       num_output: 64
55       kernel_size: 3
56       stride: 2
57       weight_filler {
58         type: "xavier"
59       }
60     }
61   }
   …
```

ReLU 层为激活层,可对输入数据进行激活操作。该层配置文件代码如下:

```
   …
62   layer {
63     name: "relu_conv1"
64     type: "ReLU"
65     bottom: "conv1"
66     top: "conv1"
67   }
   …
```

Pooling 层为池化层,可减少运算量和数据维度。其中,参数 pool 表示池化类型,一般默认为 MAX;kernel_size 表示池化核的大小;而 stride 则表示池化的步长,默认为 1,实际应用时一般设置为 2。该层的配置文件代码如下:

```
   …
68   layer {
69     name: "pool1"
70     type: "Pooling"
```

```
71      bottom: "conv1"
72      top: "pool1"
73      pooling_param {
74        pool: MAX
75        kernel_size: 3
76        stride: 2
77      }
78    }
...
```

Concat 层为拼接层,可将两个或多个层的 blob 格式的数据进行拼接并输出。该层的配置文件代码如下:

```
...
614   layer {
615     name: "fire9/concat"
616     type: "Concat"
617     bottom: "fire9/expand1x1"
618     bottom: "fire9/expand3x3"
619     top: "fire9/concat"
620   }
...
```

Dropout 层可防止模型训练时出现过拟合,其中,参数 dropout_ratio 一般设置为 0.5。该层的配置文件代码如下:

```
...
621   layer {
622     name: "drop9"
623     type: "Dropout"
624     bottom: "fire9/concat"
625     top: "fire9/concat"
626     dropout_param {
627       dropout_ratio: 0.5
628     }
629   }
...
```

SoftmaxWithLoss 层为模型的损失层,输出 loss 值。该层的配置文件代码如下:

```
...
661   layer {
662     name: "loss"
663     type: "SoftmaxWithLoss"
664     bottom: "pool10"
665     bottom: "label"
666     top: "loss"
```

```
667    include {
668      phase: TRAIN
669    }
670  }
...
```

Accuracy 层输出预测的精确度，其中，include 参数值为 TEST，表示在 TEST 阶段输出精确度。该层的配置文件代码如下：

```
...
681  layer {
682    name: "accuracy_top5"
683    type: "Accuracy"
684    bottom: "pool10"
685    bottom: "label"
686    top: "accuracy_top5"
687    include {
688      phase: TEST
689    }
690    accuracy_param {
691      top_k: 5
692    }
693  }
...
```

至此，train_val. prototxt 配置介绍完毕。

② SqueezeNet 模型的训练。

train_new. sh 为执行 SqueezeNet 模型训练指令的脚本文件，接下来对脚本文件 train_new. sh 进行学习。首先，打开 mytest/model/路径下的 train_new. sh 文件，其文件代码如下：

```
./build/tools/caffe train -- solver examples/mytest/model/solver. prototxt -- weights
examples/mytest/model /squeezenet_v1.1.caffemodel
```

上述指令用于运行 Caffe 中的 train 工具。其中，solver 为 solver. prototxt，是模型的核心配置，用于协调整个模型的执行。weights 为 squeezenet_v1. 1. caffemodel。solver. prototxt 文件的配置代码与注释如下：

```
...
9    test_iter: 2000          #测试完所有测试集中的数据所需的次数
10   test_interval: 1000      #模型训练时，每迭代 1000 次测试一次
11   base_lr: 0.004           #基础学习率
12   display: 40              #屏幕输出日志的迭代间隔
13   max_iter: 2500          #最大的迭代次数
14   iter_size: 16           #global batch size = batch_size * iter_size
15   lr_policy: "poly"        #学习策略为"poly"
```

```
16    power: 1.0                          # linearly decrease LR
17    momentum: 0.9                       # 上一次梯度更新的权重
18    weight_decay: 0.0002                # 权重衰减值,防止过拟合
19    snapshot: 500                       # 每迭代 500 次保存训练模型的 slover 和 caffemodel 快照
20    snapshot_prefix: "train"            # 保存的模型前缀
21    solver_mode: CPU                    # 使用 CPU 进行训练
22    random_seed: 42
23    # 训练所使用的模型配置文件
24    net: "examples/mytest/model/train_val.prototxt"
25    test_initialization: false          # 是否可以使用 snapshot 进行训练
26    average_loss: 40                    # 取前 40 次的 loss 平均值,进行显示输出
...
```

上述代码中,test_initialization 为 false,表示不能使用快照进行训练。因此,在 train_new.sh 执行指令中的 weights 用到了预先训练好的 squeeznetv_1.1.caffemodel 对模型进行微调。考虑到部分读者没有可以运行的 GPU 硬件条件,本实验中 solver_mode 选用了 CPU 模式。但是,如果读者的计算机中有可以进行运算的 GPU,则推荐将此值设置为 GPU 模式,并对 Makefile.config 文件的配置参数做相应的调整。配置方式详见 5.1.1 节中关于 Caffe 配置的说明。

接下来,进入 Caffe 的根目录开始模型的训练,在终端中输入以下指令:

```
./examples/mytest/train_new.sh
```

注意:以上指令中的文件路径/examples/mytest/仅为参考,请替换成读者本机中的文件路径。

指令执行后,终端输出如图 5-9 所示的日志。

```
caffe.cpp:249] Starting Optimization
solver.cpp:272] Solving
solver.cpp:273] Learning Rate Policy: poly
solver.cpp:218] Iteration 0 (0 iter/s, 17.979s/40 iters), loss = 6.54167e-05
solver.cpp:237]      Train net output #0: loss = 8.65815e-05 (* 1 = 8.65815e-05 loss)
sgd_solver.cpp:105] Iteration 0, lr = 0.004
data_layer.cpp:73] Restarting data prefetching from start.
data_layer.cpp:73] Restarting data prefetching from start.
data_layer.cpp:73] Restarting data prefetching from start.
data_layer.cpp:73] Restarting data prefetching from start.
data_layer.cpp:73] Restarting data prefetching from start.
data_layer.cpp:73] Restarting data prefetching from start.
data_layer.cpp:73] Restarting data prefetching from start.
data_layer.cpp:73] Restarting data prefetching from start.
data_layer.cpp:73] Restarting data prefetching from start.
data_layer.cpp:73] Restarting data prefetching from start.
data_layer.cpp:73] Restarting data prefetching from start.
solver.cpp:218] Iteration 40 (0.0606444 iter/s, 659.582s/40 iters), loss = 5.44033e-05
solver.cpp:237]      Train net output #0: loss = 6.02295e-05 (* 1 = 6.02295e-05 loss)
sgd_solver.cpp:105] Iteration 40, lr = 0.003936
```

■图 5-9　输出日志

图 5-9 输出的日志中,Starting Optimization 表明实验模型已开始训练。Iteration 为迭代次数,每 40 次显示一次训练速度以及损失率 loss。loss 的值越小,表示模型的预测准确度越高。程序每迭代 500 次就会在运行的根目录下保存一个训练快照文件,其格式为

. solverstate。

模型训练结束后,终端显示 Optimization Done 这一输出日志。同时,在 Caffe 的根目录下,会生成格式为. solverstate 的快照文件和. caffemodel 的模型文件。本实验中,以交通标志牌检测模型的训练为例,输出了 train_iter_2500. solverstate 和 train_iter_2500. caffemodel。

特别地,上述实验中采用的是相对耗时的 CPU 运行模式,可能需要一天或几天时间。因此,建议采用速度更快的 GPU 运行模式。

步骤 4:检测与识别

进入 mytest/test_cls/目录,利用编辑器打开文件 classification_test. py,此文件即进行检测与识别的执行文件,其代码如下:

```
1    # - * - coding:UTF - 8 - * -
2    import sys
3    import os
4    import caffe
5    import numpy as np
6    import pdb
7    import pandas as pd
8    #用于检测模型准确率的 Caffe 配置文件,请注意是否要修改目录
9    model_def = "/opt/caffe/examples/mytest/test_cls/deploy. prototxt"
10   #检测前训练好的模型文件
11   model_weights = "/opt/caffe/train_iter_2500. caffemodel"
12
13   net = caffe. Net(model_def,
14                    model_weights,
15                    caffe. TEST)
16   #转换均值函数
17   def convert_mean(binMean, npyMean):
18       blob = caffe. proto. caffe_pb2. BlobProto()
19       bin_mean = open(binMean, 'rb'). read()
20       blob. ParseFromString(bin_mean)
21       arr = np. array( caffe. io. blobproto_to_array(blob) )
22       npy_mean = arr[0]
23       np. save(npyMean, npy_mean )
24   #均值文件路径
25   binMean = '/opt/caffe/examples/mytest/test_cls/mean. binaryproto'
26   npyMean = '/opt/caffe/examples/mytest/test_cls/mean. npy'
27   convert_mean(binMean, npyMean) #图片均值转换
28
29   #输入图片数据预处理部分
30
31   transformer = caffe. io. Transformer({'data': net. blobs['data']. data. shape})
32
33   transformer. set_transpose('data', (2,0,1))
34   transformer. set_mean('data', np. load(npyMean). mean(1). mean(1))   #图片去均值
35
```

```
36    transformer.set_raw_scale('data', 255)              ♯将图片由[0, 1]缩放到[0, 255]
37
38    transformer.set_channel_swap('data', (2, 1, 0))     ♯将图片通道由 RGB 变为 BGR
39
40    ♯加载输出的检测文件,用于写入预测结果
41    file = open('/opt/caffe/examples/mytest/test_cls/save_predict_label.txt','w')
42    ♯检测图片的文件夹目录
43    in_dir = "/opt/caffe/examples/mytest/classification_data/021/"
44    ♯收集符合格式的图片文件名
45    img_list = [f for f in os.listdir(in_dir) if (f[ - 4:] == ".jpg" or
46    f[ - 5:] == ".jpeg" or f[ - 4:] == ".png")]
47    for line in img_list:
48        list_name = in_dir + line.rstrip()                ♯图片包的绝对路径
49        image = caffe.io.load_image(list_name)
50        ♯图片数据转换
51        transformed_image = transformer.preprocess('data', image)
52        net.blobs['data'].data[...] = transformed_image
53        net.blobs['data'].reshape(1, 3, 227, 227)
54        output = net.forward()
55        ♯导入标签数据
56        labels_filename = /opt/caffe/examples/mytest/test_cls/labels.txt
57
58
59        labels = pd.read_table(labels_filename).values
60        prob = net.blobs['prob'].data[0].flatten()
61        order = prob.argsort()[ - 1]
62        ♯检测后得到的分类标签
63        class_predict_label = int(str(labels[order][0]).split(" - ")[0])
          ♯写入输出文件
      file.write(line.rstrip() + " " + str(class_predict_label) + "\n")
  file.close()
```

上述执行文件首先读取文件夹中用于检测的图片,并将读取到的图片文件路径保存在 img_list 中。然后,通过 for 循环依次执行 Caffe 的预测模型,并将最后预测的结果保存在 save_predict_label.txt 文件中。

接下来,进入 mytest/test_cls/目录,打开终端执行检测与识别。输入以下指令:

```
python classification_test.py
```

以上指令执行后,读者可在文件目录 mytest/test_cls/中找到生成的预测文件 save_predict_label.txt。预测文件内容如下:

```
21_2112_1♯1334.png 21
21_483_5♯09538_127596.png 21
21_1292_5♯01114_88175.png 21
21_1258_5♯00683_79801.png 21
21_3363_1♯62523.png 21
21_2646_6♯03311_41940.png 21
21_4488_1♯18720.png 21
21_1520_2♯16984.png 21
```

预测文件每一行分为两栏，前一栏表示输入模型的图片文件名，如第 1 行中的"21_2112_1♯1334.png"；后一栏表示预测得到的分类号结果，如"21"。

为了验证预测是否准确，根据 mytest\test_cls 目录中的 label.txt 标签文件，将上述用于检测的图片（见图 5-10）与预测结果进行对比。

■图 5-10　预测图片

label.txt 标签文件部分内容如下：

```
018 - 指示类 - 向左和向右转弯
019 - 指示类 - 向左转弯
020 - 指示类 - 最低限速 -- 100
021 - 指示类 - 最低限速 -- 110
022 - 指示类 - 最低限速 -- 20
023 - 指示类 - 最低限速 -- 40
```

由实验结果可以看出，最低限速 110km/h 的标志牌的识别分类号为"21"，与预测结果一致。

5.1.2　基于 PCL 的激光点云配准实验

1. 辅助软件工具的安装与使用

在开始本实验之前，先学习并使用能对激光点云进行编辑和处理的开源软件 CloudCompare。首先，进入 CloudCompare 的官方网站（http://www.cloudcompare.org/），找到下载页面，根据操作系统选择相应的软件版本进行下载。本实验使用的是 Windows 操作系统，因此选择下载 Windows 版本的 CloudCompare 软件，并进行安装。软件安装包如图 5-11 所示。

	CloudCompare 2.10.**beta** installer version	CloudCompare 2.10.**beta** 7z archive version
Windows 64 bits		7ZIP
Windows 64 bits **Stereo**	N/A	N/A

■图 5-11　CloudCompare 软件安装包

接着，打开 CloudCompare，操作界面如图 5-12 所示。

接下来，选择 File→Open，找到激光点云存放目录后，选择打开其中一个或多个 .pcd 格式的激光点云文件（如随书提供的 PCL_sources 压缩包中的 128.pcd）。操作如图 5-13 及图 5-14 所示。

打开激光点云文件之后，可以看到软件中 DB Tree 栏的文件信息，如图 5-15 所示。激光点云如图 5-16 所示。

为了查看任意角度和位置的激光点云，可利用鼠标进行简单操作。前后滚动鼠标滚轮，激光点云会随着滚轮以图 5-16 中的十字形光标为中心放大或缩小；按住鼠标左键并在显示窗口中上、下、左、右向各个方向拖动，激光点云图像也随之向各个方向旋转；按住鼠标右键并在显示窗口中上、下、左、右拖动，激光点云图像随之向各个方向平移。

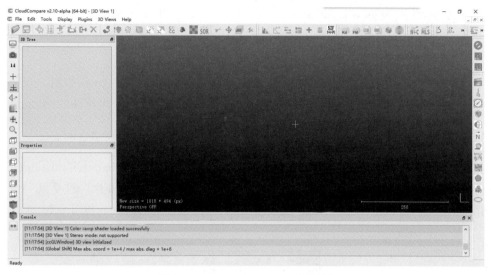

■图 5-12　CloudCompare 操作界面

■图 5-13　CloudCompare 文件菜单操作　　　■图 5-14　激光点云文件

■图 5-15　CloudCompare DB Tree 文件显示

■图 5-16　激光点云显示

本实验仅涉及使用 CloudCompare 进行激光点云的查看和对比等简单操作,对 CloudCompare 其他功能感兴趣的读者可以自行学习。

2. 实验环境配置

本小节将带领读者配置必要的系统环境变量以及 Visual Studio 2013 中激光点云配准实践所需要的激光点云库(Point Cloud Library,PCL)和相关依赖。此外,PCL 的安装过程还可以参考参考文献[3]的教程。

1) 配置系统环境变量

首先,解压随书提供的 PCL_dependency 压缩包,可以得到 pcl、boost、flann、eigen 以及 vtk 5 个依赖库。然后,在计算机中依次选择"控制面板"→"系统和安全"→"系统"→"高级系统设置"→"环境变量",进入系统环境变量配置界面。操作如图 5-17 和图 5-18 所示。

■图 5-17   高级系统设置

■图 5-18   环境变量

接下来,在系统环境变量配置界面依次选择"系统变量"→Path→"编辑"→"新建",操作如图 5-19 所示。然后输入 pcl、boost、flann 以及 vtk 这 4 个依赖库的 bin 文件夹所在路径,最后单击"确定"按钮并退出编辑。

2) 项目新建与配置

首先,新建一个项目。打开 Visual Studio 2013,在起始页中选择"新建项目",操作如图 5-20 所示。

项目的新建也可在菜单栏中依次选择"文件"→"新建"→"项目",创建一个 C++空项目(读者可以自定义项目的名称及位置),操作如图 5-21 和图 5-22 所示。

成功创建项目后,选中解决方案中的 Project1 并右击,在弹出的快捷菜单中选择"属性"进行配置,如图 5-23 所示。

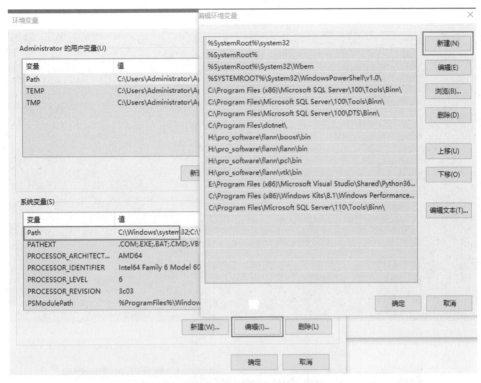

■图 5-19 环境变量配置

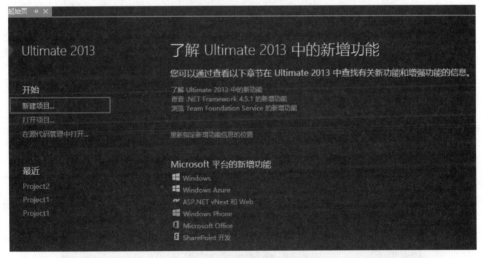

■图 5-20 选择"新建项目"

■图 5-21 在菜单栏中新建项目

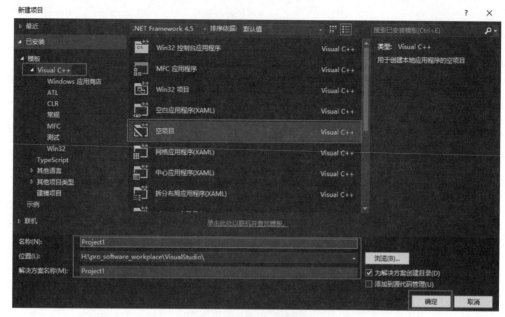

■图 5-22　新建空项目

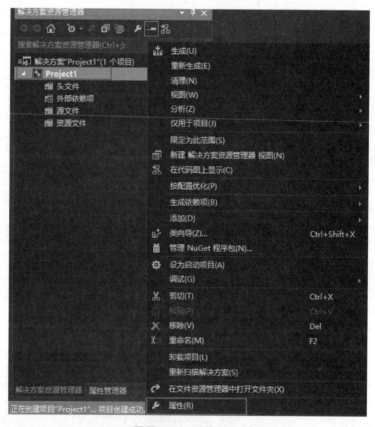

■图 5-23　属性配置

在属性配置界面中，打开"配置管理器"对话框，在配置栏选择该项目的版本。本实验中选择 Release 版。同时，在"活动解决方案平台"属性中，根据读者计算机的配置，选择相应的版本，如 32 位版或 64 位版本。本实验中选择 64 位。如果"平台"属性中没有"x64"选项，则单击"新建"按钮，选择"x64"，并在"从此处复制设置"中选择"空"，单击"确定"按钮后即可看到如图 5-24 所示的配置窗口。

■图 5-24 项目运行配置

完成上述配置后，还需要添加依赖库文件路径。在"配置属性"中依次选择"VC++ 目录"→"包含目录"→"编辑"，打开编辑的控制面板，操作如图 5-25 所示。

■图 5-25 包含目录添加

进一步，在编辑的控制面板中，分别将压缩包中的 pcl、flann、boost 和 vtk 4 个文件夹的 include 文件夹路径和 eigen 中的子 eigen 文件夹路径都添加到配置中，并单击"确定"按钮，操作步骤及添加成功的结果如图 5-26 和图 5-27 所示。

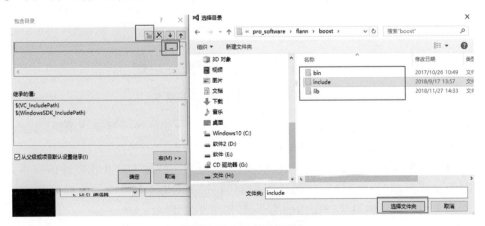

■图 5-26 包含目录添加

■图 5-27　添加成功的包含目录

进一步，在图 5-25 所示的界面中，依次选择"VC++ 目录"→"库目录"→"编辑"，将 pcl、boost、flann 以及 vtk 4 个依赖库的 lib 文件夹路径添加进配置，完成添加后如图 5-28 所示。

■图 5-28　添加成功的库目录

进一步，在图 5-25 所示的界面中，依次选择 C/C++→附加包含目录→编辑，添加 vtk 的 include 文件夹路径，操作如图 5-29 所示。

进一步，在图 5-25 所示的界面中，依次选择"链接器"→"输入"，并在右边的操作界面依次选择"附加依赖项"→"编辑"，将解压后得到的 release.txt 文件中的内容复制到编辑框中，然后单击"确定"按钮退出。操作如图 5-30 和图 5-31 所示。

■图 5-29　库目录添加

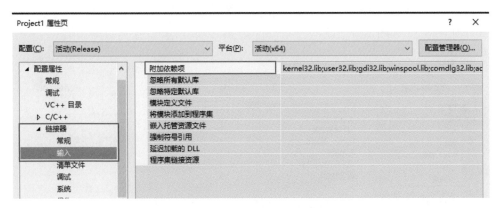

■图 5-30　添加附加依赖项

■图 5-31　附加依赖项添加成功

进一步，在图 5-25 所示的界面中，依次选择"链接器"→"调试"→"生成调试信息"，在下拉列表框中选择"是(/DEBUG)"，操作如图 5-32 所示。

最后，在图 5-25 所示的界面中，依次选择"C/C++"→"优化"→"优化"，将优化选项设置

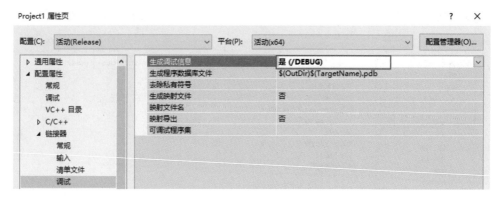

■图 5-32　生成调试信息配置

成"已禁用(/Od)"，然后选择"C/C++"→"代码生成"→"运行库"，将其设置为"多线程(/MT)"，具体操作如图 5-33 和图 5-34 所示。

■图 5-33　优化设置

■图 5-34　运行库设置

至此，项目新建与配置已经完成，接下来本书将带领读者开始激光点云的可视化实验。

3. 基于 PCL 的激光点云可视化

激光点云配准以及可视化等实验，需要利用 PCL 对道路的激光点云进行处理。PCL 是在前人激光点云相关研究成果的基础上建立起来的大型跨平台开源 C++编程库，PCL 中实现了激光点云的滤波、分割、配准、检索、特征提取、可视化等一系列通用的激光点云处理算法,拥有高效的数据结构。接下来,本节将详细介绍激光点云的可视化实验。

　　首先,使用 Visual Studio 2013 打开 5.1.2 节中第 2 段创建的空项目,然后在该项目下选中并右击"源文件",在弹出的快捷菜单中依次选择"添加"→"现有项",将随书提供的 PCL_sources 压缩文件中的 test.cpp 程序文件添加到项目中,操作完成之后的界面如图 5-35 和图 5-36 所示。

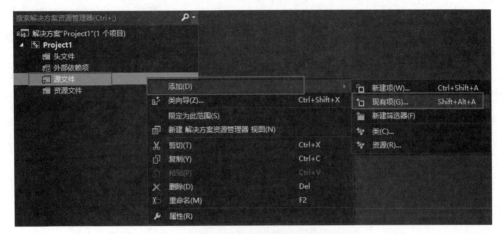

■ 图 5-35　源文件添加

■ 图 5-36　源文件添加成功示例

　　进一步,双击 test.cpp,在代码编辑框中可以看到 test.cpp 中的代码如下:

```
1     #include <pcl/visualization/pcl_visualizer.h>
2     #include <iostream>                        //标准 C++库中的输入输出类相关头文件
3     #include <pcl/io/io.h>
4     #include <pcl/io/pcd_io.h>                  //pcd 读写类相关的头文件
5
6     using namespace std;
7     using namespace pcl;
8     typedef pcl::PointXYZRGB PointIoType;       //对激光点云类型进行宏定义
9
10    int main( int argc, char * * argv){
11        pcl::PointCloud <PointIoType>::Ptr cloud(new
12    pcl::PointCloud <PointIoType>());
13        if (pcl::io::loadPCDFile("H:/pro_software_workplace/VisualStudio/Project1/
```

```
14      Project1/128.pcd", * cloud) == - 1)
15           return ( - 1);
16      boost::shared_ptr < pcl::visualization::PCLVisualizer > viewer1(new
17 pcl::visualization::PCLVisualizer("3D Viewer"));
18      viewer1 -> addPointCloud < PointIoType >(cloud, "128.pcd");
19      viewer1 -> setBackgroundColor(0, 0, 0);    //设置可视化窗口的背景颜色为黑色
20      while (!viewer1 -> wasStopped())//持久化显示激光点云图像
21      {
22           viewer1 -> spinOnce(100);
23           boost::this_thread::sleep(boost::posix_time::microseconds(100000));
24      }
25      return 0;
26   }
```

进一步,请将上述代码中第13、14行的文件路径改为读者本机的文件路径。

test.cpp首先实例化了一个含有RGB颜色的激光点云对象,然后将这个激光点云对象指针作为参数,传入PCL中的激光点云读取函数中,将激光点云文件读取到实例化的激光点云对象的指针中。接下来,实例化一个激光点云可视化对象viewer1,通过这个对象调用addPointCloud()方法。实例化的激光点云传入viewer1对象后,设置激光点云可视化窗口的背景颜色。最后,单击菜单栏中的"本地Windows调试器"进行编译,如图5-37所示。

■图 5-37　编译

编译完成后,可以看到如图5-38所示的激光点云图像结果。通过鼠标将激光点云图像旋转至合适的视角,可以清晰地看到激光点云图像中有车道、标志牌、路灯、道路两旁的树木以及车道线等道路元素。激光点云图像的局部细节如图5-39所示。

■图 5-38　激光点云可视化图像结果

■图5-39　激光点云图像的局部细节——汽车尾部激光点云

至此,激光点云可视化实验已经完成,接下来本书将带领读者开始添加激光点云包围盒实验。

4. 添加激光点云包围盒

包围盒是具有长、宽、高、方向和类型等特征的立体框,可以将激光点云中的电线杆、路灯和交通标志牌等道路元素包围起来,简化并抽象所包围住的激光点云。同时,也需要利用包围盒的中心点和法向量等信息进行激光点云配准工作。因此,包围盒在高精度地图的制作过程中起着重要的作用。

包围盒的生成过程相对比较复杂,在这里只对包围盒的生成过程进行简单描述。首先,它需要将激光点云中的灯杆、标志牌、汽车、路沿、护栏以及道路中的车道线等汽车行驶决策所需要的元素分割出来,将其分类成单独的激光点云。分割完毕后,还需要计算分割出的激光点云对象的中心点坐标及其包围盒大小和方向等信息。限于篇幅,本书不详细介绍分割与包围盒计算的过程,而是直接给出了实验所需要的包围盒数据,然后将包围盒添加到激光点云中。步骤如下。

首先,打开 feature_128.txt 文件,如图5-40所示,里面有20行左右的数据,每一行代表一根杆或一块标志牌的包围盒数据。这些数据从左到右第 $1\sim3$ 列代表包围盒的中心点在 x、y、z 三个轴上的坐标,第 $4\sim6$ 列代表包围盒的长、宽、高,第 $7\sim9$ 列代表包围盒的方向向量在 x、y、z 三个轴上的坐标,第10列代表包围盒的类型值,最后一列表示所属激光点云文件。

```
📃 feature_128.txt - 记事本                                      —    □    ×
文件(F)  编辑(E)  格式(O)  查看(V)  帮助(H)
1497.06,  3868.24, 23.457,  4.45689,  0.146571,  3.7666,  -0.96604,  0.258394,  0,  205,  2
1500.61,  3867.36, 23.9169, 11.1996,  0.283313,  4.76823, -0.96604,  0.258394,  0,  205,  2
1507.2,   3865.94, 23.4263,  7.46631,  0.715712,  3.79873, -0.96604,  0.258394,  0,  205,  2
1488.79,  3870.79, 25.8912,  4.2868,   0.276888,  2.9755,  -0.968125, 0.250467,  0,  205,  2
1485.3,   3871.49, 23.2256,  4.69911,  0.638513,  3.32714, -0.968125, 0.250467,  0,  205,  2
1506.29,  3866.23, 18.633,   1.12715,  0.159829,  1.73341, -0.330201, -0.943911, 0,  205,  2
1524.17,  3868.69, 19.2984,  0.917105, 0.0507813, 1.94842, -0.923006, 0.384785,  0,  205,  2
1517.73,  3843.03, 18.1052,  0.761758, 0.0532948, 1.93113, -0.883823, 0.467822,  0,  205,  2
1506.48,  3866.62, 20.9561,  0.232355, 0.0804127, 5.74161, -0.248185, -0.968713, 0,  206,  2
1506.4,   3866.4,  20.8493,  0.292861, 0.211976,  5.87185, -0.58009,  -0.814552, 0,  206,  2
1517.6,   3843.2,  22.6047,  0.216507, 0.208193,  15.2822, 0.0426454, -0.99909,  0,  206,  2
1493.53,  3868.89, 20.8467,  0.194024, 0.0879609, 5.56219, -0.985175, 0.171554,  0,  206,  2
1493.65,  3869,    21.0947,  0.200978, 0.121497,  5.65756, -0.191718, -0.98145,  0,  206,  2
1493.84,  3869.78, 20.6279,  0.417461, 0.143273,  6.46255, -0.331904, -0.943313, 0,  206,  2
1524.02,  3868.75, 24.7962,  0.295977, 0.173163,  8.86908, -0.934951, 0.354777,  0,  206,  2
1495.47,  3876.63, 23.6585,  0.291158, 0.19769,   12.6853, -0.877912, -0.478822, 0,  206,  2
1481.32,  3872.84, 20.0591,  0.427285, 0.157568,  7.44313, -0.237853, -0.971301, 0,  206,  2
1463.56,  3857.89, 22.7136,  0.308537, 0.193116,  14.9790, -0.656907, -0.753972, 0,  206,  2
1470.08,  3883.49, 22.6587,  0.249354, 0.180549,  13.4386, -0.822423, 0.568877,  0,  206,  2
1470.22,  3883.58, 22.6454,  0.181044, 0.169309,  13.2226, -0.901,    -0.433819, 0,  206,  2
center_x  center_y center_z length    width      height   dir_x      dir_y      dir_z type
```

■图5-40　feature_128.txt 文件内容

在 Visual Studio 2013 中打开之前的 test.cpp 文件，并在 main() 函数上方宏定义一个结构体变量，这个结构体变量中的元素依次表示 feature_128.txt 文件中的各个数据的含义，添加的结构体如下。

```
1    typedef struct feature_box
2    {
3        double x;              //center_x
4        double y;              //center_y
5        double z;              //center_z
6        double length;
7        double width;
8        double height;
9        double dir_x;
10       double dir_y;
11       double dir_z;
12       int type;
13       int index;
14   }feature;
```

接着，在 main() 函数上方定义一个名为 BundingBox() 的添加包围盒的函数，代码如下：

```
1    void BoundingBox(PointPtr * c_sour){
2
3    }
```

在上述函数中，首先需要将 feature_128.txt 文件中的数据读取出来，读取的代码如下：

```
1    FILE * fp_1;                             //定义一个文件类型指针
2    feature features[20];                    //定义一个含有 20 个结构体变量的数组
3    fp_1 = fopen("H:/pro_software_workplace/VisualStudio/Project1/
4    Project1/feature_128.txt", "r");         //打开文件 feature_128.txt
5    if (fp_1){
6        for (int i = 0; i < 20; ++i){
7            //循环将 20 行数据写入 feature 结构体数组中
8            fscanf(fp_1, "%lf,%lf,%lf,%lf,%lf,%lf,%lf,%lf,%lf,%ld,%ld\n",
9            &features[i].x, &features[i].y, &features[i].z,
10               &features[i].length, &features[i].width, &features[i].height,
11           &features[i].dir_x, &features[i].dir_y, &features[i].dir_z,
12           &features[i].type, &features[i].index);
13       }
14   }
15   else
16       std::cout << "数据加载失败" << std::endl;
17   fclose(fp_1);
```

进一步，请将上述代码中第 3、4 行的文件路径改为读者本机的文件路径。

为了将 feature_128.txt 文件中所有数据读取完整，结构体数组的大小应该和文件中的数据行数一致。读取包围盒数据结束后,在 BundingBox()函数中添加如下程序,生成包围盒并添加到激光点云图像中。代码如下:

```
1   PointPtr sour(new pcl::PointCloud<PointIoType>());
2       sour = *c_sour;                               //接收传入的激光点云
3       boost::shared_ptr<pcl::visualization::PCLVisualizer> viewer(new
4   pcl::visualization::PCLVisualizer("3D Viewer"));   //实例化一个激光点云可视化对象
5       viewer->setBackgroundColor(0, 0, 0);          //设置背景为黑色
6       viewer->addPointCloud<PointIoType>(sour,
7   sample sour);                                     //添加需要显示的激光点云
8       for (int i = 0; i<20; i++){
9           //循环遍历 feature 结构体数据,生成包围盒
10          Eigen::Vector3d noml(features[i].dir_x, features[i].dir_y,
11      features[i].dir_z);                           //用 Vector3d 类型存储法向量
12          Eigen::Matrix3f mt;                       //定义旋转矩阵
13          mt << noml.x(), -noml.y(), noml.z(),
14              noml.y(), noml.x(), noml.z(),
15              0, 0, 1.0;
16          Eigen::Quaternionf q(mt);                 //定义四元数
17          noml.normalize();                         //法向量单位化
18          Eigen::Vector3f translation(features[i].x, features[i].y, features[i].z);
19                                                    //定义一个浮点类型包围盒中心坐标向量
20          viewer->addCube(translation, q, features[i].length, features[i].width,
21      features[i].height, "bbox" + to_string(i));   //在 viewer 中添加包围盒
22      }
23      while (!viewer->wasStopped())                 //激光点云图像持久化
24      {
25          viewer->spinOnce(100);
26          boost::this_thread::sleep(boost::posix_time::microseconds(100000));
27      }
```

以上代码的主要功能是通过一个 for 循环,读取所有包围盒数据,并分别利用各个包围盒数据中的法向量坐标生成旋转矩阵,然后利用这个旋转矩阵定义一个四元数,最后通过 viewer→addCube()方法将四元数、包围盒中心坐标及其长、宽、高作为参数传入,生成包围盒。

进一步,将定义好的 BundingBox()函数写入程序。

最后,修改原 test.cpp 文件,main()函数代码如下:

```
1   int main(int argc, char * * argv){
2       pcl::PointCloud<PointIoType>::Ptr cloud(new
3   pcl::PointCloud<PointIoType>());
4       //读取要显示的激光点云文件
5       if (pcl::io::loadPCDFile("H:/pro_software_workplace/VisualStudio/Project1/
6   Project1/128.pcd", *cloud) == -1)
7           return (-1);
8       BoundingBox(&cloud);                          //调用包围盒添加函数
9       return 0;
10  }
```

进一步,请将上述代码中第 5、6 行的文件路径改为读者本机的文件路径。

至此,激光点云包围盒添加的程序就完成了(上述激光点云包围盒添加程序可见随书文件 test2.cpp)。单击快速工具栏中的"本地 Windows 调试器"(绿色播放按钮),或使用快捷键 F5 运行,读者将看到交通标志牌和灯杆添加了包围盒后的结果。调整激光点云显示的远近,旋转到合适的角度,就可以清晰地看到交通标志牌与灯杆上的白色包围盒了,此时,看到的包围盒可能是实心不透明的,在英文输入法的状态下,按 W 字母键就可看到如图 5-41 所示的包围盒添加结果。

■图 5-41　包围盒添加结果的显示

5. 激光点云配准

通常,同一条道路上不同批次采集的激光点云数据存在误差。这些误差体现在同一物体激光点云的 x、y、z 坐标在不同批次采集的激光点云数据中不完全相等。接下来,以地面激光点云的 z 轴坐标为例进行说明。假设以激光雷达为中心坐标,通过激光射线发送与反射回来的时间计算中心点与地面的距离,然后将这个距离转换为地面某一点的 z 轴坐标,如果采集车两次采集的激光雷达距离地面高度不同,射线经历的时间也不同,最后计算出的距离就会不同,从而造成两次采集的 z 轴坐标有偏差。当然,造成两组数据坐标不等并不止这一种情况,因此,需要激光点云配准,将不同批次采集的激光点云数据融合在一起。接下来介绍激光点云配准实验。

首先,移除项目中 5.1.2 节中所编写的 test2.cpp 文件,并在源文件下添加命名为 main.cpp 的主函数文件和 Process.cpp 的源文件,在项目的头文件下添加一个 Process.h 头文件。添加完成后的 Project1 目录如图 5-42 所示。

进一步,打开 Process.h 头文件,在文件中添加如下代码:

■图 5-42　添加项目文件

```
1    # pragma once
2    # ifndef _PROCESS_
3    # define _PROCESS_
4    # include < math. h >
5    # include < stdio. h >
6    # include < pcl/io/io. h >
7    # include < pcl/io/pcd_io. h >            //pcd 读写类相关的头文件
8    # include < pcl/io/ply_io. h >
9    # include < pcl/point_types. h >          //PCL 中支持的点类型头文件
10   # include < boost/thread/thread. hpp >
11   # include < vector >
12   # include < pcl/kdtree/kdtree_flann. h >
13   # include < pcl/visualization/pcl_visualizer. h >
14   # include < Eigen/Core >
15
16   # define SIZE_OF_FEATURES 28              //待配准的两片激光点云 feature 总数
17   using namespace std;
18   using namespace pcl;
19   typedef pcl::PointXYZRGB PointIoType;
20   typedef pcl::PointCloud < pcl::PointXYZRGB >::Ptr PointPtr;
21
22   typedef struct feature_box
23   {
24       double x;                             //center_x
25       double y;                             //center_y
26       double z;                             //center_z
27       double length;
28       double width;
29       double height;
30       double dir_x;
31       double dir_y;
32       double dir_z;
33       int type;
34       int index;
35   }feature;
36
37   class Process                             //声明一个 Process 激光点云处理类
38   {
39   public:
40       Process();
41       ~Process();
42       void execute();                       //主函数中调用的配准执行函数
43       void mix(PointPtr * sour, PointPtr * dist);    //配准函数
44       Eigen::Vector3d Kdsearch();           //Kdtree 搜索函数
45       void txt_Reader();                    //feature.txt 文件读取函数
46   private:
47       std::vector < feature > sour_pole;    //Kdtree 搜索的源激光点云
48       std::vector < feature > dist_pole;    //Kdtree 搜索的目标激光点云
49       feature features[SIZE_OF_FEATURES];   //包围盒结构体数据数组
50   };
51
52   # endif
```

上述代码是一个激光点云处理的头文件源代码,里面声明了一个用于存储包围盒数据值的结构体和一个用于激光点云处理的 Process 类及其方法。这样做的好处是可将激光点云处理的方法模块化,实现统一管理。当有多个程序文件都要调用激光点云处理 Process 类中的方法时,只需要通过 include 引用即可。接下来,依次讲解 Process. cpp 源文件中要用到的方法。

首先,需要将 feature. txt 文件中的包围盒中心提取出来,其方法定义如下:

```
1   void Process::txt_Reader(){
2       FILE * fp_1;
3       fp_1 = fopen("H:/pro_software_workplace/VisualStudio/
4   Project1/Project1/feature.txt","r");
5       if (fp_1){
6           for (int i = 0; i < SIZE_OF_FEATURES; ++i){
7               fscanf(fp_1,"%lf,%lf,%lf,%lf,%lf,%lf,%lf,%lf,%lf,%ld,%ld\n",
8               &features[i].x, &features[i].y, &features[i].z,
9               &features[i].length,&features[i].width,&features[i].height,
10              &features[i].dir_x, &features[i].dir_y, &features[i].dir_z,
11      &features[i].type, &features[i].index);
12          }
13      }
14      else
15          std::cout << "数据加载失败" << std::endl;
16      fclose(fp_1);
17      for (int i = 0; i < SIZE_OF_FEATURES; i++){
18          //筛选出灯杆的包围盒中心
19          if (features[i].type == 206){
20              //利用 index 索引,区分两片激光点云包围盒数据,并保存
21              if (features[i].index == 1){
22                  sour_pole.push_back(features[i]);
23              }
24              else{
25                  dist_pole.push_back(features[i]);
26              }
27          }
28      }
29  }
```

进一步,请将上述代码中第 3、4 行的文件路径改为读者本机的文件路径。

本实验的 feature. txt 文件中包含了 288. pcd 和 128. pcd 两个激光点云文件中的包围盒数据。两个激光点云的数据通过 feature. txt 文件中最后一列的 index 数据来区分,"1"和"2"分别表示 feature. txt 文件中的包围盒数据提取自 288. pcd 文件和 128. pcd 文件中的激光点云。

准备好数据之后,接下来需要计算两片激光点云中同一根灯杆包围盒中心点在 x、y 轴上的坐标误差。因此,首先需要设定一个源激光点云,然后从源激光点云出发,在目的激光点云中搜索到与源激光点云中心点坐标误差最小的点(最近点)。本实验采用 Kdsearch() 方法执行最近点的搜索。代码如下:

```
1   Eigen::Vector3d Process::Kdsearch(){
2       //定义一个激光点云变量,用于存储源激光点云中用于搜索的灯杆的包围盒数据
3       pcl::PointCloud< pcl::PointXYZL >::Ptr cloud(new
4   pcl::PointCloud< pcl::PointXYZL >);
5       int size_of_sour_pole = sour_pole.size();
6       int size_of_dist_pole = dist_pole.size();
7       cloud->width = size_of_dist_pole;
8       cloud->height = 1;
9       cloud->points.resize(cloud->width * cloud->height);
10      for (int i = 0; i < size_of_dist_pole; ++i)
11      {
12          cloud->points[i].x = dist_pole.at(i).x;
13          cloud->points[i].y = dist_pole.at(i).y;
14          cloud->points[i].z = dist_pole.at(i).z;
15          cloud->points[i].label = 0;
16      }
17      float radius = 1.0f;
18      int match_size = 0;
19      pcl::KdTreeFLANN< pcl::PointXYZL > kdtree;
20      pcl::PointXYZL searchPoint;
21      std::vector< int > pointIdxRadiusSearch;
22      std::vector< float > pointRadiusSquaredDistance;
23      Eigen::Vector3d meanVector(0, 0, 0);
24      kdtree.setInputCloud(cloud);
25      //遍历源激光点云灯杆的中心点,搜索距离 dist_pole 激光点云最近的点
26      for(int sour_index = 0;sour_index < size_of_sour_pole;sour_index++){
27          searchPoint.x = sour_pole.at(sour_index).x;
28          searchPoint.y = sour_pole.at(sour_index).y;
29          searchPoint.z = sour_pole.at(sour_index).z;
30          std::cout << "搜索点为" << searchPoint.x << " " << searchPoint.
31  y << " " << searchPoint.z << std::endl;
32          //筛选出符合条件的激光点云
33          if (kdtree.radiusSearch(searchPoint, radius, pointIdxRadiusSearch,
34  pointRadiusSquaredDistance) > 0){
35              //筛选出没有匹配过的点
36              if (cloud->points[pointIdxRadiusSearch[0]].label == 0){
37                  //筛选出距离小于 1m 的激光点云
38                  if (pointRadiusSquaredDistance[0]<1){
39                      std::cout << "匹配点为" <<
40                  cloud->points[pointIdxRadiusSearch[0]].x << " " <<
41                  cloud->points[pointIdxRadiusSearch[0]].y << " " <<
42                  cloud->points[pointIdxRadiusSearch[0]].z <<"(距离:"<<
43                  pointRadiusSquaredDistance[0] << ")" << std::endl;
44                      //将该点标记为已匹配
45                      cloud->points[pointIdxRadiusSearch[0]].label = 1;
46                      //将误差求和
47                      meanVector.x() =
48  meanVector.x() + searchPoint.x - cloud->points[pointIdxRadiusSearch[0]].x;
49                      meanVector.y() =
50  meanVector.y() + searchPoint.y - cloud->points[pointIdxRadiusSearch[0]].y;
```

```
51                        match_size += 1;
52                    }
53                    else{
54                        std::cout << "没有匹配的邻近点" << std::endl;
55                    }
56                }
57                else{
58                    std::cout << "没有匹配的邻近点" << std::endl;
59                }
60
61            }
62        }
63        //返回误差均值向量
64        return meanVector / match_size;
65    }
```

通过 Kdsearch()方法,将 288. pcd 文件与 128. pcd 文件中的灯杆包围盒的中心点进行对应匹配,并计算出二者误差向量后将其作为返回参数,传入 mix()配准方法的误差向量中,进行最终的配准。代码如下:

```
1     void Process::mix(PointPtr * sour, PointPtr * dist){
2         Eigen::Vector3d D_value_vector = Kdsearch();    //传入误差均值向量
3         //定义两个激光点云变量接收传入的激光点云指针
4         pcl::PointCloud < PointIoType >::Ptr p_sour(new
5     pcl::PointCloud < PointIoType >()), p_dist(new pcl::PointCloud < PointIoType >());
6         p_sour = * sour;
7         p_dist = * dist;
8         //通过 for 循环,遍历源激光点云中的所有点
9         //将每个点 x、y 坐标都减去两片激光点云之间的误差均值
10        for (size_t i = 0; i < p_sour -> points.size(); i++){
11            p_sour -> points[i].x = p_sour -> points[i].x - D_value_vector.x();
12            p_sour -> points[i].y = p_sour -> points[i].y - D_value_vector.y();
13        }
14        std::string path = "./288_1.pcd";
15        //保存减去误差后的源激光点云
16        pcl::io::savePCDFileBinaryCompressed < PointIoType >(path, * p_sour);
17    }
```

上述代码的第 2 行,将计算好的误差均值向量传递到 D_value_vector 变量中,然后遍历所有源激光点云中的点,并将其 x、y 坐标值减去这个误差均值,最后保存好减去误差后的源激光点云文件,以 288_1. pcd 来命名,并存放在工程所在目录下。

接下来,实验还需要一个函数来执行前面定义的方法,代码如下:

```
1     void Process::execute(){
2         pcl::PCDReader reader;
3         //定义两个激光点云变量用于接收进行配准的两片激光点云数据
4         pcl::PointCloud < PointIoType >::Ptr cloud(new pcl::PointCloud < PointIo
```

```
5        Type>()), cloud2(new pcl::PointCloud<PointIoType>());
6        //读取激光点云文件数据
7        reader.read("H:/pro_software_workplace/VisualStudio/Project1/Projec
8        t1/288.pcd", * cloud);
9        reader.read("H:/pro_software_workplace/VisualStudio/Project1/Projec
10       t1/128.pcd", * cloud2);
11       mix(&cloud, &cloud2);                  //激光点云配准
12   }
```

进一步,请将上述代码中第7、8行和第9、10行的文件路径改为读者本机的文件路径。

上述代码中,mix()方法传入的第一个参数就是源激光点云288.pcd文件的激光点云指针,第二个参数则是用于配准的源激光点云。

最后,在main.cpp文件中编写以下代码:

```
1        # include"Process.h"                   //引用激光点云配准处理类的头文件
2
3        int main(int argc, char * * argv){
4
5            Process p;                         //实例化激光点云处理类
6            p.txt_Reader();                    //读取包围盒数据
7            p.execute();                       //执行配准
8            return 0;
9        }
```

按F5键运行程序,运行结束后可以在工程文件下找到288_1.pcd文件,利用CloudCompare软件工具,打开128.pcd、288.pcd以及288_1.pcd三个激光点云文件。

打开后可以看到DB Tree显示栏中的三个激光点云文件,然后选中其中一个激光点云文件,在下方Property栏显示的参数中,将Colors属性设置为RGB,操作如图5-43所示。

(a) 文件列表

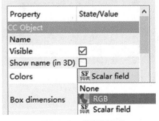

(b) Colors属性设置

■图5-43　CloudCompare设置激光点云颜色

为了对比配准前和配准后的效果,首先在DB Tree中将288_1.pcd激光点云文件的显示隐藏(取消勾选激光点云文件前的复选框),调整到适当角度可以看到,在路灯杆的位置上,有两条平行的灯杆激光点云图像,而且两者之间的间隔非常大。激光点云配准前的灯杆重影如图5-44和图5-45所示。

如果调整角度,从灯杆的顶部往下看,可以更清晰地看到配准之前因误差造成的灯杆重影,如图5-46所示。

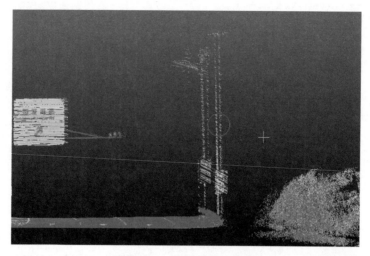

■图 5-44　灯杆重影远视图

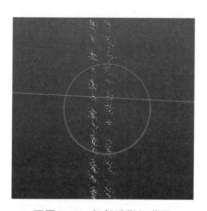

■图 5-45　灯杆重影细节图

■图 5-46　灯杆重影俯视图

　　进一步,在 CloudCompare 软件工具中隐藏配准前的 288.pcd 激光点云,显示配准后的 288_1.pcd 激光点云(见图 5-47 和图 5-48)。然后,选取同样的角度和位置,将配准后的激光点云(见图 5-47)与配准前的激光点云(见图 5-44)进行对比,可以看到两者之间有着明显的差异,配准后的两片激光点云在水平方向上几乎重合。

　　然而,细心的读者可能会发现,实际上配准后的两片激光点云之间也并非是完全重合的,甚至还可以看到重影的存在,如图 5-49 和图 5-50 所示。

　　本实验实现的是一种几何上的配准算法,为了实现更精确的配准,还应考虑标志牌的包围盒数据误差和地面坐标误差。限于篇幅,关于更多高精度地图激光点云配准算法,请感兴趣的读者自行探索实现。

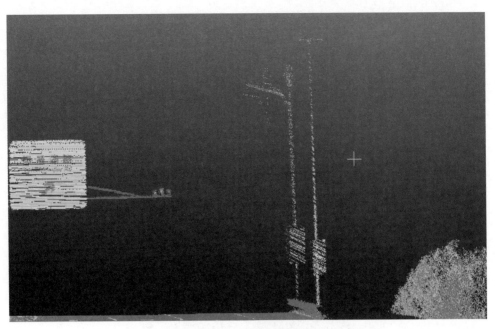

■图 5-47 配准后的灯杆

■图 5-48 配准后的灯杆俯视图

■图 5-49 配准后的重影

■图 5-50　配准后的重影细节图

5.2　基于 Apollo 平台的定位实践

5.2.1　Apollo 简介与配置

Apollo 平台是应用于汽车行业及自动驾驶领域的一个开源项目,由百度公司在 2017 年 4 月 19 日发布,旨在向汽车行业及自动驾驶领域的合作伙伴提供一个开放、完整、安全的软件平台,帮助开发者结合汽车和信息系统,快速搭建一套完整的自动驾驶系统。目前,Apollo 5.0 是百度团队公布的最新版本,其核心软件功能模块主要有感知、预测、规划、控制、导航、CAN 总线(Controller Area Network Bus,CANBus)、高精度地图、定位、人机交互接口(Human Machine Interface,HMI)及监控等,其对应的功能模块如图 5-51 所示。

各模块的功能简要介绍如下。

感知:采集和识别自动驾驶汽车周围环境信息。

预测:预测障碍物的运动轨迹。

规划:规划自动驾驶汽车的时间和空间轨迹。

控制:通过产生油门、制动和转向等控制指令来执行规划模块产生的轨迹。

导航:告诉自动驾驶汽车如何通过一系列车道或道路到达其目的地。

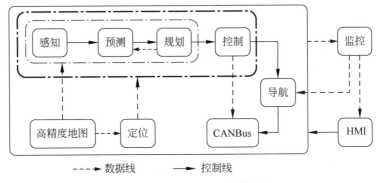

图 5-51 Apollo 5.0 软件架构

CANBus：将控制指令传递给汽车硬件的接口，也可将底盘信息传递给软件系统。

高精度地图：用作查询匹配，提供关于道路的特定结构化信息。

定位：利用 GNSS、LiDAR 和 IMU 的各种信息源来确定自动驾驶汽车的位置。

HMI：查看汽车状态、测试其他模块以及实时控制汽车。

监控：监控汽车中所有软硬件模块。

由于上述各软件模块相互独立，而 Apollo 工程的正常运行又需要各模块之间彼此协调，因此，需要使用一个可靠的任务调度框架来实现各个模块的协调工作。Cyber RT 是与 Apollo 5.0 同期发布的专为 Apollo 自动驾驶平台定制的高性能开源任务调度框架，由一系列具有特定输入和输出的组件构成，每一个组件包含一个特定的算法模块来处理一组数据的输入并生成一组输出。Cyber RT 框架加载预定义组件，用于建立轻量级的用户任务并与传感器输入数据结合，然后根据可利用的资源及任务的优先级对每一个任务进行调度和执行，进而实现 Apollo 各软件模块的协调工作。

为了让读者更好地学习自动驾驶定位技术，接下来详细讲解基于 Apollo 5.0 的自动驾驶汽车定位实践。

1. Apollo 工程搭建

Apollo 自动驾驶平台对硬件设备有一定的要求，而且构建和运行 Apollo 工程时会产生大量的数据文件，建议至少需要 6GB 的运行内存和 50GB 的存储容量。目前 Apollo 仅支持安装在 Ubuntu 14.04 及以上版本。

为了更好地使用 Apollo，百度研发团队使用 Docker 来部署 Apollo 的运行环境[4]。Docker 是一种开源的以高级应用容器引擎为基础的新型虚拟化技术[5]，可以让开发者打包应用以及依赖包到一个可移植的镜像中，然后发布到任何流行的 Linux 或 Windows 机器上实现虚拟化。

Apollo 工程代码存放在 GitHub 仓库中，其中大部分代码用 C++ 编写，数据分析代码由 Python 实现。除工程源代码外其他文件使用 Git 大文件存储仓库（Git Large File Storage，Git LFS）进行文件管理。通过把大文件存储在 Git 仓库之外，可以减小 Git 仓库本身的体积，使复制远程 Git 仓库的速度加快，也使得 Git 不会因为仓库中充满大文件而损失性能。这样不仅可以方便开发者直接下载 Apollo 更轻量级的代码文件，还可以方便在 Git 上的文件管理。

综上,构建 Apollo 工程的开发环境需要进行如下前期准备:

(1) 安装 Ubuntu 14.04 版本或以上的系统。

(2) 安装设备要求至少 6GB 内存和 50GB 硬盘存储容量。

(3) 安装 Docker 容器及相应的代码编辑器(本小节实验使用 VScode 代码编辑器)。

(4) 安装 Git LFS。

开发环境搭建好之后,从 GitHub 上下载 Apollo 源代码。步骤如下。

初始化 Git:

```
git  init
```

Apollo 源代码下载,指令如下:

```
git  lfs  clone  https://github.com/ApolloAuto/apollo.git
```

检查 master 分支,指令如下:

```
git  checkout  master
```

获取 Apollo 的所有分支,下载 master 分支并对其进行同步,指令如下:

```
git  lfs  fetch  -all
git push -f origin master
```

下载的 Apollo 源代码存储在 apollo 文件夹中,在该文件夹内拉取专用于 Apollo 工程的 Docker 镜像包并进行环境配置,指令如下:

```
bash  docker/scripts/dev_start.sh
```

Docker 容器环境配置好以后,进入容器环境,指令如下:

```
bash  docker/scripts/dev_into.sh
```

开始搭建 Apollo 工程,指令如下:

```
bash  apollo.sh  build
```

如果发现设备运行卡顿,甚至宕机,可输入以下条件指令,限制 Apollo 工程对硬件资源的过度占用:

```
bash  apollo.sh  build  -- local_resources  2048,2.0,1.0
```

以上指令中,"2048"表示为运行 Apollo 预留 2048MB 运行内存,"2.0"表示为运行 Apollo 分配 2 个内核,"1.0"表示为运行 Apollo 分配 1 个处理器。至此,Apollo 工程搭建结束。

接下来,启动 HMI 模式查看人机交互界面效果来验证 Apollo 工程是否搭建成功,指令如下:

```
bash  scripts/bootstrap.sh
```

打开浏览器,在地址栏输入 http://localhost:8888,出现如图 5-52 所示的 HMI 的静态 DreamView 界面。

■**图 5-52　HMI 的静态 DreamView 界面**

DreamView 的原始界面不显示运行数据,如果要在界面上显示数据,可将车载的实时数据或预先记录好的数据直接发送至 HMI 模块进行处理。然后,在 DreamView 界面显示处理结果。读者可使用百度官方提供的数据包查看实际显示效果,操作如下。

启动 Cyber RT 环境,指令如下:

```
source  /apollo/cyber/setup.bash
```

使用 Cyber RT 播放数据包,设置循环播放数据的模式,即可在 DreamView 界面上显示动态的数据。指令如下:

```
cyber_recorder  play  - f  demo_3.5.record  -- loop
```

显示效果如图 5-53 所示。

DreamView 界面上的信息十分丰富,界面右上角显示速度、方向盘角度、制动器和油门的控制状态与交通灯信号。

至此,已验证 Apollo 工程成功搭建。

最后,关闭 HMI 模块,指令如下:

```
bash  scripts/bootstrap.sh  stop
```

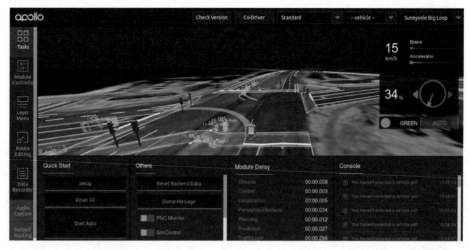

■图 5-53　动态数据显示效果

2. Apollo 定位模块及配置

目前，Apollo 开放源码提供自动驾驶定位的方案共有三种：GNSS/IMU 定位方式、LiDAR/IMU 定位方式及多传感器融合定位方式[6]。本节将分别进行三种定位方案的实验，定位模块的文件架构如表 5-2 所示。

表 5-2　定位模块的文件架构

项 目 名 称	属　性	描　述
common	文件夹	存放定位相关功能标志位的文件
conf		存放定位相关功能配置的文件
msf		存放多传感器融合定位的文件
proto		存放 Protobuf 数据标准的定位配置文件
rtk		存放 RTK 定位配置的文件
ndt		存放 NDT 算法设计的文件
testdata		存放数据测试基准的相关文档
BUILD	build 文件	建立函数库的链接关系
localization_base. cc	C++文件	定义定位基类
localization_base. h	H 文件	定义定位基类
localization. cc	C++文件	定位函数设置
localization. h	H 文件	定位函数设置
main. cc	C++文件	定位模块的主函数入口

开始定位实验之前，准备一个完整的定位实验数据包，在 apollo 文件夹下对定位实验数据包进行解压，即可在 Docker 容器内看到数据包里的文件。将定位数据包中各传感器参数的文件复制到定位模块的参数配置文件夹下，输入如下指令：

```
cp /apollo/params/ant_imu_leverarm.yaml /apollo/modules/localization/msf/params/gnss_params/
```

```
cp /apollo/params/velodyne64_novatel_extrinsics_example.yaml
/apollo/modules/localization/msf/params/velodyne_params/
```

```
cp  /apollo/params/velodyne64_height.yaml
/apollo/modules/localization/msf/params/velodyne_params/
```

以上指令中,各参数意义如下。

ant_imu_leverarm. yaml:杆臂值参数,表示 GNSS 天线相对 IMU 的距离。

velodyne64_novatel_extrinsics_example. yaml:表示 LiDAR 相对 IMU 的外参。

velodyne64_height. yaml:表示 LiDAR 相对地面的高度。

在/apollo/modules/localization/conf/localization. conf 配置文件中配置地图路径,添加代码如下:

```
# Redefine the map_dir in global_flagfile.txt
-- map_dir = /apollo
```

至此,传感器参数、地图路径配置完毕。5.2.2 节将具体讲述定位实验。

5.2.2　GNSS/IMU 定位实验

Apollo 工程源码有两种 GNSS/IMU 定位算法:一种是 NovAtel 板卡配套的 GNSS/IMU 定位算法;另一种是百度自主研发的 GNSS/IMU 定位算法。Apollo 工程默认使用百度自主研发的 GNSS/IMU 定位算法。该算法采用了 GNSS 初始观测数据、星历信息以及 IMU 结合的 RTK 方法计算出定位结果。

GNSS/IMU 定位实验中,输入数据包括 GNSS 位置坐标数据和 IMU 的输出数据,输出数据是 GNSS/IMU 后处理的位姿信息。

Apollo 工程的定位方式默认是多传感器融合定位,因此需要打开 GNSS 定位数据分析的标志位,并关闭 LiDAR 的定位标志位。打开/apollo/modules/localization/conf/目录下的 localization. conf 配置文件。参照如下代码修改配置。

```
1    # Enable lidar - based localization
2    # type: bool
3    # defalult: true
4    -- enable_lidar_localization = false
5    …
6    # GNSS Mode, 0 for bestgnss pose, 1 for self gnss.
7    # type: string
8    # default: 0
9    -- gnss_mode = 0
10   …
11   # LiDAR debug switch
12   # type: bool
13   # default: false
14   -- lidar_debug_log_flag = false
15   …
16   # gnss_debug_log_flag.
17   # type: bool
```

```
18    # default: false
19    -- gnss_debug_log_flag = ture
20    …
21    # Whether use bestgnss pose as measure after initializaiton
22    # type: bool
23    # default: false
24    -- gnss_only_init = false
25    …
```

　　本实验中,由于关闭了 LiDAR 定位的标志位,因此需要屏蔽数据分析脚本中的 LiDAR 数据分析。打开/apollo/scripts/目录下的 msf_local_evaluation.sh 文件,用"#"屏蔽 LiDAR 数据分析的代码。代码如下:

```
1    # echo ""
2    # echo "LiDAR localization result:"
3    # python
4    # ${APOLLO_ROOT_DIR}/modules/tools/localization/evaluate_compare.py
5    #           compare_lidar_odometry_all.txt
```

　　首先,启动 Cyber RT 运行环境,指令如下:

```
source   /apollo/cyber/setup.bash
```

　　然后,启动定位模块,指令如下:

```
cyber_launch   start   modules/localization/launch/rtk_localization.launch
```

　　进一步,打开一个新的终端窗口,以管理员身份进入容器,指令如下:

```
bash   /apollo/docker/scripts/dev_into.sh
```

　　为了解 Apollo 定位模块的运行情况,可查看定位模块的日志信息,指令如下:

```
ls   /apollo/data/log
```

　　定位模块的日志信息示例如图 5-54 所示。

```
localization.ERROR
localization.FATAL
localization.INFO
localization.WARNING
localization.flags
localization.in_dev_docker.root.log.ERROR.20181119-174005.19146
```

■图 5-54　定位模块的日志信息示例

　　其中,部分日志信息含义如下。

localization.ERROR:ERROR 级别的日志信息。

localization.INFO:INFO 级别的日志信息。

localization.WARNING：WARNING 级别的日志信息。

localization.out：标准输出重定向文件。

localizaiton.flags：启动 localization 模块使用的配置。

接下来，启动定位数据输出记录程序，指令如下：

```
python  scripts/record_bag.py
```

由于定位模块输出数据量大，Apollo 定位模块源代码默认存储路径为移动硬盘。若未有移动硬盘接入，则定位模块输出数据到本地文件夹/apollo/data/bag/2019-02-27-09-44-03/，其中文件名 2019-02-27-09-44-03 由启动定位数据记录程序的时刻决定，表示 2019 年 2 月 27 日 9 时 44 分 03 秒运行数据记录包程序生成的文件夹。详细信息示例如图 5-55 所示。

```
Cannot find portable disk. Fallback to apollo data dir.
Record bag to /apollo/data/bag/2019-02-27-09-44-03...
```

■ **图 5-55 定位模块输出数据存储路径详细信息示例**

进一步，播放数据包里的实验数据，指令如下：

```
cyber_recorder  play  -f  /apollo/records/*.record
```

进一步，在数据包播放完毕之前，打开一个新的终端窗口，运行数据可视化工具，指令如下：

```
cyber_launch start modules/localization/launch/msf_localization_with_visualizer.launch
```

该可视化工具可根据定位地图生成用于可视化的缓存文件，存放在/apollo/data/map_visual 目录下，然后定位模块接收以下 topic 并进行可视化绘制，可视化结果示例如图 5-56 所示。

```
topic:
 /apollo/localization/msf_gnss
 /apollo/localization/pose
```

图 5-56 中，界面中的 Fusion 表示 GNSS/IMU 的组合定位数据可视化结果，GNSS 表示当前 GNSS 定位结果；界面左上角的"Frame：640"表示当前运行第 640 帧数据，"Timestamp：1514423722.658318"表示时间戳。

接下来，当数据包播放完毕后需要关闭定位模块，指令如下：

```
cyber_launch  stop  modules/localization/launch/rtk_localization.launch
```

最后，关闭数据记录程序，指令如下：

```
pyhton  scripts/record_bag.py  --stop
```

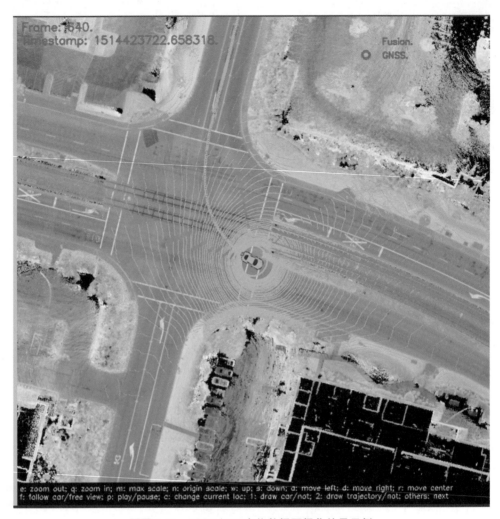

图 5-56　GNSS/IMU 定位数据可视化结果示例

为了查看记录下来的定位数据,运行数据分析脚本,指令如下:

```
bash /apollo/scripts/msf_local_evaluation.sh
/apollo/data/bag/2019 - 02 - 27 - 09 - 44 - 03/
/apollo/modules/localization/msf/params/gnss_params/ant_imu_leverarm.yaml
```

数据分析结果如图 5-57 所示。图 5-57 中的 Fusion localization result 和 GNSS localization result 分别是 GNSS/IMU 定位和 GNSS 定位的误差分析结果。位置误差有平面误差、车前进方向误差、车横向方向误差及车高度误差,姿态误差有翻滚角误差、俯仰角误差及偏航角误差。GNSS/IMU 组合定位因为使用了 IMU,所以含有姿态信息,而 GNSS 定位仅靠卫星定位,没有姿态信息。GNSS/IMU 组合定位和 GNSS 定位的位置平均误差均在 10cm 以内,位置最大误差小于 30cm 的帧数占总帧数 98% 以上;GNSS/IMU 组合定位的姿态误差均值均小于 0.2°,姿态误差小于 1.0° 的帧数占总帧数的 98% 以上。由此可知,本实验中 GNSS/IMU 组合输出的结果还不能完全满足如表 5-3 所示的 L4/5 级自动驾驶汽车定位系统的精度指标要求。此外,在同一时间段内,GNSS/IMU 的组合定位输出共有 14 781 帧,而 GNSS 定位输出仅有 109 帧,可见 GNSS/IMU 定位输出频次大大提高,更符合自动驾驶定位系统的实时定位需求。

```
Fusion localization result:
14781 frames
criteria : mean     std      max      < 30cm    < 20cm    < 10cm  con_frames(>30cm)
error    : 0.039505 0.039870 0.482468 0.998106 0.986131 0.944050 000028
error lon: 0.017732 0.017399 0.265957 1.000000 0.998985 0.996753 000000
error lat: 0.031305 0.039410 0.402544 0.998715 0.987552 0.945673 000019
error alt: 0.067637 0.074697 0.294839 1.000000 0.910764 0.735268 000000
criteria : mean     std      max      < 1.0d    < 0.6d    < 0.3d  con_frames(>1.0d)
error rol: 0.108454 0.098368 0.312092 1.000000 1.000000 0.995941 000000
error pit: 0.084701 0.041962 0.228724 1.000000 1.000000 1.000000 000000
error yaw: 0.194148 0.252510 1.188633 0.988566 0.881740 0.841215 000169

GNSS localization result:
109 frames
criteria : mean     std      max      < 30cm    < 20cm    < 10cm  con_frames(>30cm)
error    : 0.034838 0.039962 0.320215 0.990826 0.990826 0.954128 000000
error lon: 0.019439 0.021920 0.183609 1.000000 1.000000 0.990826 000000
error lat: 0.024602 0.036703 0.262346 1.000000 0.990826 0.954128 000000
error alt: 0.023458 0.023601 0.137052 1.000000 1.000000 0.990826 000000
```

■图 5-57 GNSS/IMU 定位输出结果示例

表 5-3 L4/5 级自动驾驶汽车定位系统的精度指标要求

项 目	指 标	理 想 值
位置精度	误差均值	<10cm
位置健壮性	最大误差	<30cm
姿态精度	误差均值	<0.5°
姿态健壮性	最大误差	<2.0°

图 5-57 所示的定位输出结果中部分参数的含义如下。

error:平面误差,单位为米。

error lon:车前进方向的误差,单位为米。

error lat:车横向方向的误差,单位为米。

error alt:车高度的误差,单位为米。

error roll:翻滚角误差,单位为度。

error pit:俯仰角误差,单位为度。

error yaw:偏航角误差,单位为度。

mean:误差的平均值。

std:误差的标准差。

max:误差的最大值。

<30cm:距离误差少于 30cm 的帧所占的百分比。

<1.0d:角度误差小于 1.0°的帧所占的百分比。

con_frames():满足括号内条件的最大连续帧数。

5.2.3 LiDAR/IMU 定位实验

LiDAR/IMU 定位是将 LiDAR 实时扫描的点云数据与高精度点云地图数据匹配,即可获取汽车在高精度点云地图的具体位置。LiDAR/IMU 定位的数据输入包括 LiDAR 实时扫描得到的激光点云数据和 IMU 的数据,而其输出数据是 LiDAR/IMU 组合定位后汽车的位姿信息。

在 LiDAR/IMU 定位实验开始之前,需要关闭 GNSS 定位功能,同时开启 LiDAR 定位功能。打开/apollo/modules/localization/conf/目录下的 localization.conf 配置文件。参照如下代码修改配置。

```
1    # Enable lidar - based localization
2    # type: bool
3    # defalult: true
4    -- enable_lidar_localization = ture
5    ...
6    # LiDAR debug switch.
7    # type: bool
8    # default: false
9    -- lidar_debug_log_flag = ture
10   ...
11   # gnss_debug_log_flag
12   # type: bool
13   # default: false
14   -- gnss_debug_log_flag = false
15   ...
16   # Whether use bestgnsspose as measure after initializaiton
17   # type: bool
18   # default: false
19   -- gnss_only_init = ture
```

本实验中,由于在 LiDAR/IMU 定位实验之前关闭了 GNSS 定位功能,因此要屏蔽数据分析中的 GNSS 数据分析功能。打开/apollo/scripts/目录中的 msf_local_evaluation.sh 文件,参照如下代码修改配置。

```
1    echo ""
2    echo "LiDAR localization result:"
3    python
4    ${APOLLO_ROOT_DIR}/modules/tools/localization/evaluate_compare.py
5            compare_lidar_odometry_all.txt
6
7    # echo ""
8    # echo "GNSS localization result:"
9    # python
10   # ${APOLLO_ROOT_DIR}/modules/tools/localization/evaluate_compare.py
11   #         compare_gnss_odometry_all.txt distance only
```

首先,启动定位模块,指令如下:

```
cyber_launch  start  modules/localization/launch/msf_localization.launch
```

接下来,启动定位数据输出记录程序,指令如下:

```
python scripts/record_bag.py
```

进一步,播放数据包的实验数据,指令如下:

```
cyber_recorder play -f /apollo/record/*.record
```

进一步,打开新的终端窗口,以管理员身份进入容器,进行数据可视化,具体操作步骤与 5.2.2 节相同,这里不再赘述。

进一步,定位模块接收以下 topic 并进行可视化绘制,运行结果如图 5-58 所示。

```
topic:
/apollo/localization/msf_lidar
/apollo/localization/pose
```

■ 图 5-58　LiDAR/IMU 定位数据可视化结果示例

与5.2.2节实验一致,其中可视化结果界面的 Fusion 表示 LiDAR/IMU 的组合定位数据可视化结果,Lidar 表示当前 LiDAR 定位数据可视化结果。数据包播放完毕后需要关闭定位模块,指令如下:

```
cyber_launch  stop  modules/localization/launch/msf_localization.launch
```

进一步,关闭数据记录程序,指令如下:

```
python  scripts/record_bag.py  -- stop
```

最后,为了查看记录下来的定位数据,运行数据分析脚本,指令如下:

```
bash  /apollo/scripts/msf_local_evaluation.sh
/apollo/data/bag/2019 - 01 - 05 - 12 - 46 - 40/
```

数据分析结果如图 5-59 所示。图 5-59 中的 Fusion localization result 和 Lidar localization result 分别是 LiDAR/IMU 定位和 LiDAR 定位的误差分析结果。可见,LiDAR 的平面误差均值是 12.8479cm,比图 5-57 中 GNSS/IMU 的平面误差值要高,这说明 GNSS/IMU 组合定位位置精度要比 LiDAR/IMU 高,而在姿态位置的偏航角误差表现上, LiDAR/IMU 组合定位的误差值要比 GNSS/IMU 组合定位要小,这是因为 LiDAR/IMU 组合定位做了偏航角优化。另外,从输出帧数上看,在同一时间段内,LiDAR/IMU 组合定位输出了 10 881 帧数据,LiDAR 输出了 258 帧数据,LiDAR/IMU 组合定位明显提高了定位结果的输出频次,且统计条件下符合表 5-3 所示的 L4/5 级自动驾驶汽车定位系统的精度指标要求。

```
Fusion localization result:
10881 frames
criteria : mean     std      max      < 30cm   < 20cm   < 10cm  con_frames(>30cm)
error    : 0.128479 0.066283 0.317644 0.994210 0.844775 0.354103 000031
error lon: 0.079177 0.062260 0.311985 0.997611 0.946420 0.721992 000019
error lat: 0.085896 0.058110 0.275562 1.000000 0.958092 0.604081 000000
error alt: 0.050018 0.037568 0.173145 1.000000 1.000000 0.878780 000000
criteria : mean     std      max      < 1.0d   < 0.6d   < 0.3d  con_frames(>1.0d)
error rol: 0.197121 0.076156 0.340165 1.000000 1.000000 0.920596 000000
error pit: 0.087731 0.063747 0.239449 1.000000 1.000000 1.000000 000000
error yaw: 0.143526 0.063459 0.397070 1.000000 1.000000 0.980057 000000

Lidar localization result:
258 frames
criteria : mean     std      max      < 30cm   < 20cm   < 10cm  con_frames(>30cm)
error    : 0.060504 0.028030 0.168433 1.000000 1.000000 0.918605 000000
error lon: 0.037329 0.024008 0.088680 1.000000 1.000000 1.000000 000000
error lat: 0.037750 0.032427 0.167457 1.000000 1.000000 0.972868 000000
error alt: 0.068353 0.042962 0.172575 1.000000 1.000000 0.728682 000000
criteria : mean     std      max      < 1.0d   < 0.6d   < 0.3d  con_frames(>1.0d)
error rol: 0.226593 0.076549 0.370080 1.000000 1.000000 0.817829 000000
error pit: 0.078280 0.056320 0.206960 1.000000 1.000000 1.000000 000000
error yaw: 0.129378 0.062359 0.290140 1.000000 1.000000 1.000000 000000
```

■图 5-59　LiDAR/IMU 定位输出数据示例

5.2.4　多传感器融合定位实验

多传感器融合定位是将 LiDAR、GNSS 和 IMU 三种定位方式进行优势互补,进而提高定位的稳定性及健壮性。多传感器融合定位的输入数据包括 GNSS 位置坐标数据、LiDAR 实时扫描得到的激光点云数据及 IMU 的数据,而其输出数据是多传感器融合后汽车的位姿信息。

在多传感器融合定位实验开始时,需要打开 GNSS、LiDAR 的定位功能。打开 /apollo/modules/localization/conf/目录下的 localization.conf 配置文件,参照如下代码修改配置。

```
1    # Enable lidar - based localization
2    # type: bool
3    # defalult: true
4    -- enable_lidar_localization = ture
5    …
6    # LiDAR debug switch.
7    # type: bool
8    # default: false
9    -- lidar_debug_log_flag = ture
10   …
11   # gnss_debug_log_flag
12   # type: bool
13   # default: false
14   -- gnss_debug_log_flag = ture
15   …
16   # Whether use bestgnsspose as measure after initializaiton
17   # type: bool
18   # default: false
19   -- gnss_only_init = false
```

进一步,为了显示多传感器融合定位、GNSS 定位及 LiDAR 定位的输出结果数据,在 /apollo/scripts/msf_local_evaluation.sh 文件中,取消 GNSS、LiDAR 的数据分析的屏蔽。参照如下代码修改配置。

```
1    echo ""
2    echo "LiDAR localization result:"
3    python
4    ${APOLLO_ROOT_DIR}/modules/tools/localization/evaluate_compare.py
5              compare_lidar_odometry_all.txt
6    echo ""
7    echo "GNSS localization result:"
8    python
9    ${APOLLO_ROOT_DIR}/modules/tools/localization/evaluate_compare.py
              compare_gnss_odometry_all.txt  distance only
```

进一步,启动定位模块,指令如下:

```
cyber launch start modules/localization/launch/msf_localization.launch
```

进一步,启动定位数据输出记录程序,指令如下:

```
python  scripts/record_bag.py
```

进一步,播放数据包中的实验数据,指令如下:

```
cyber_recorder play  - f  /apollo/record/ * .record
```

进一步,打开一个新的终端窗口,以管理员身份进入容器,运行数据可视化工具,具体操作步骤与5.2.2节相同,这里不再赘述。

进一步,定位模块接收以下topic并进行可视化绘制,运行结果如图5-60所示。

```
topic:
/apollo/localization/msf_gnss
/apollo/localization/msf_lidar
/apollo/localization/pose
```

■图5-60   多传感器融合定位数据可视化示例

进一步,播放完毕后关闭定位模块,指令如下:

```
cyber_launch  stop  modules/localization/launch/msf_localization.launch
```

进一步,关闭数据记录程序,指令如下:

```
python scripts/record_bag.py  --stop
```

最后,为了查看记录下来的定位数据,运行数据分析脚本,指令如下:

```
bash  /apollo/scripts/msf_local_evaluation.sh
/apollo/data/bag/2019-01-06-12-36-24/
/apollo/modules/localization/msf/params/gnss_params/ant_imu_leverarm.yaml
```

数据分析结果如图 5-61 所示。图 5-61 中的 Fusion localization result、Lidar localization result 及 GNSS localization result 分别是多传感器融合定位、LiDAR 定位及 GNSS 定位的误差分析结果。这三种定位方式的位置平均误差均在 10cm 以内,位置误差小于 30cm 的帧数与总帧数的比值达到 0.998 以上;姿态误差均值都在 0.2°以内,姿态误差小于 1.0°的帧数占总帧数的 100%。参考表 5-3 的要求,可知这三种定位方式在统计条件下都满足 L4/5 级自动驾驶汽车定位系统的精度指标要求。另外,从图 5-61 还可以看出,多传感器融合定位输出的定位误差值都略大于 GNSS 定位与 LiDAR 定位,这是由于实验输入的 GNSS、LiDAR、IMU 数据包都是在信号强、晴天及无复杂环境变化的较理想情况下记录

```
Fusion localization result:
19674 frames
criteria : mean     std      max      < 30cm   < 20cm   < 10cm con_frames(>30cm)
error    : 0.056316 0.053326 0.459320 0.998577 0.958270 0.866677 000024
error lon: 0.028511 0.029796 0.266246 1.000000 0.999136 0.968080 000000
error lat: 0.041719 0.050733 0.374283 0.999339 0.972603 0.894582 000012
error alt: 0.064966 0.041238 0.206315 1.000000 0.999492 0.759988 000000
criteria : mean     std      max      < 1.0d   < 0.6d   < 0.3d con_frames(>1.0d)
error rol: 0.109657 0.081483 0.541267 1.000000 1.000000 0.974128 000000
error pit: 0.141234 0.101298 0.715835 1.000000 0.994460 0.958829 000000
error yaw: 0.115221 0.058593 0.347725 1.000000 1.000000 0.993392 000000

Lidar localization result:
605 frames
criteria : mean     std      max      < 30cm   < 20cm   < 10cm con_frames(>30cm)
error    : 0.053456 0.032356 0.203104 1.000000 0.998347 0.923967 000000
error lon: 0.030611 0.024827 0.111605 1.000000 1.000000 0.993388 000000
error lat: 0.036684 0.031707 0.169693 1.000000 1.000000 0.958678 000000
error alt: 0.062667 0.036011 0.171009 1.000000 1.000000 0.846281 000000
criteria : mean     std      max      < 1.0d   < 0.6d   < 0.3d con_frames(>1.0d)
error rol: 0.113167 0.087733 0.539577 1.000000 1.000000 0.955372 000000
error pit: 0.137864 0.103698 0.694481 1.000000 0.995041 0.945455 000000
error yaw: 0.111084 0.055793 0.254069 1.000000 1.000000 1.000000 000000

GNSS localization result:
148 frames
criteria : mean     std      max      < 30cm   < 20cm   < 10cm con_frames(>30cm)
error    : 0.034381 0.037203 0.320215 0.993243 0.993243 0.959459 000000
error lon: 0.019593 0.021912 0.183609 1.000000 1.000000 0.986486 000000
error lat: 0.023569 0.033861 0.262346 1.000000 0.993243 0.966216 000000
error alt: 0.023447 0.021458 0.137052 1.000000 1.000000 0.993243 000000
```

■图 5-61 多传感器融合定位输出结果示例

的。但在实际的道路环境中,GNSS 信号容易受到树木、楼宇及强磁场等环境的干扰;LiDAR 扫描环境特征物时也容易遇到下雨天、道路周围环境变化等情况而造成 LiDAR 定位失误;多传感器融合定位根据 GNSS、LiDAR 及 IMU 定位的置信度,利用拓展卡尔曼滤波算法进行融合定位,正好有效地解决了 GNSS 定位与 LiDAR 定位的上述缺陷。

5.2.5　自定义定位实验设计

本实验旨在讲解如何在 Apollo 定位模块中添加和配置自定义定位方法,并通过实验验证其性能,以便帮助读者快速掌握在 Apollo 中添加自定义定位方法的技巧。实验以 NovAtel 主板配套的 GNSS 自定位算法为例,开展名为 FOO 的自定义定位实验,并分析 FOO/IMU 组合定位与 FOO 单一定位的各项性能指标。

首先,本实验先将 FOO 定位算法添加到 Apollo 定位模块。具体步骤如下。

(1) 使用 VScode 打开 modules/localization/proto/目录下的 localization_config. proto 文件,在 enum LocalizationType 中添加 FOO 定位选择项,同时将定位类型设置为 FOO 定义的类型,定义 FOO=2,定位类型 localization_type = 2。代码如下:

```
1    message LocalizationConfig {
2     enum LocalizationType {
3        RTK = 0;
4        MSF = 1;
5        FOO = 2;
6     };
7     optional LocalizationType localization_type = 2 [default = RTK];
    }
```

(2) 新建一个文件夹用于存放 FOO 定位文件,将 RTK 定位中的 rtk 文件夹中的所有文件复制到 FOO 定位文件夹内。将 rtk_localization_test. cc、rtk_localization. cc、rtk_localization. h 分别重命名为 foo_localization_test. cc、foo_localization. cc、foo_localization. h。复制完成后显示如图 5-62 所示的界面。

■图 5-62　FOO 定位文件复制示例

（3）打开/apollo/modules/localization 目录下的 localization.cc 文件，新建 FOOlocalization 类，继承自 LocalizationBase 类，代码如下：

```
1    *
2    * @class Foolocalization
3    *
4    * @brief generate Localization info based on FOO
5    *
6
7    Class FOOLocalization: public LocalizationBase {
8    public:
9    FOOLocalization();
10   virtual ~FOOLocallzation();
11
12   }
```

（4）为建立文件超链接关系，在 FOO 文件夹下的 BUILD 文件中添加 foo_localization.cc 文件和 foo_localization.h 文件：

```
1    cc_library(
2        name = "rtk_localization_component_lib",
3        srcs = [
4            "foo_localization.cc",
5            "rtk_localization_component.cc",
6        ],
7        hdrs = [
8            "foo_localization.h",
9            "rtk_localization_component.h",
10       ],
```

（5）为了在定位模块中使用 FOO，打开/apollo/modules/localization 目录下的 localization.cc 文件，在 Localization::RegisterLocalizationMethods()中注册 FOOLocalization，添加代码如下：

```
1    localization_factory_.Register(
2        LocalizationConfig::FOO,
3        []() -> LocalizationBase * { return new FooLocalization(); });
```

（6）FOO 定位需要设置输出数据比较文件，这样才能有效分析数据的有效性。打开/apollo/scripts/目录下的 msf_local_evaluation.sh 文件，添加 FOO_LOC_FILE 定义，代码修改如下：

```
1    GNSS_LOC_FILE = "gnss_loc.txt"
2    LIDAR_LOC_FILE = "lidar_loc.txt"
3    FUSION_LOC_FILE = "fusion_loc.txt"
4    ODOMETRY_LOC_FILE = "odometry_loc.txt"
5    FOO_LOC_FILE = "gnss_loc.txt"
```

（7）为了对比 FOO 定位的输出结果，在 msf_local_evaluation.sh 文件中的 function

compare_poses()函数末尾添加如下代码：

```
1    $ APOLLO_BIN_PREFIX/modules/localization/msf/local_tool/data_extraction/compar
2    e_poses \
3        -- in_folder $ IN_FOLDER \
4        -- loc_file_a $ FOO_LOC_FILE \
5        -- loc_file_b $ ODOMETRY_LOC_FILE \
6        -- imu_to_ant_offset_file " $ ANT_IMU_FILE" \
7    -- compare_file "compare_foo_odometry.txt"
```

（8）保存上述所有步骤的修改后，清除原 Apollo 工程，再重建 Apollo 工程。

清除 Apollo 工程，指令如下：

```
bash  /apollo/apollo.sh  clean
```

重建 Apollo 工程，指令如下：

```
bash  /apollo/apollo.sh  build  -- local_resources  2048,1.0,1.0
```

然后，打开/apollo/modules/localization/conf/目录下的 localization.conf 文件，修改配置如下：

```
1    # Enable lidar-based localization
2    # type: bool
3    # defalult: true
4    -- enable_lidar_localization = false
5    ...
6    # LiDAR debug switch
7    # type: bool
8    # default: false
9    -- lidar_debug_log_flag = false
10   ...
11   # gnss_debug_log_flag.
12   # type: bool
13   # default: false
14   -- gnss_debug_log_flag = ture
15   ...
16   # GNSS Mode, 0 for bestgnss pose, 1 for self gnss
17   # type: string
18   # default: 0
19   -- gnss_mode = 1
20   ...
21   # Whether use bestgnsspose as measure after initializaiton
22   # type: bool
23   # default: false
24   -- gnss_only_init = false
```

进一步，为显示 FOO 定位结果的数据分析，打开/apollo/scripts/目录下的 msf_local_

evaluation. sh 文件,代码如下:

```
1    echo ""
2    echo "FOO localization result:"
3    python
4    ${APOLLO_ROOT_DIR}/modules/tools/localization/evaluate_compare.py
5            compare_foo_odometry_all.txt   distance_only
```

进一步,启动定位模块,指令如下:

```
cyber_launch  start  modules/localization/launch/rtk_localization.launch
```

进一步,启动定位数据输出记录程序,指令如下:

```
python  scripts/record_bag.py
```

进一步,播放数据包的实验数据,指令如下:

```
cyber_recorder  play  -f  /apollo/record/*.record
```

进一步,打开一个新的终端窗口,以管理员身份进入容器,运行数据可视化工具,具体操作步骤与 5.2.2 节相同,这里不再赘述。

进一步,定位模块接收以下 topic 并进行可视化绘制,运行结果如图 5-63 所示。

```
topic:
/apollo/localization/msf_gnss
/apollo/localization/pose
```

进一步,播放数据包完毕后关闭定位模块,指令如下:

```
cyber_launch  stop  modules/localization/launch/rtk_localization.launch
```

进一步,关闭数据记录程序,指令如下:

```
python  scripts/record_bag.py  --stop
```

最后,为了查看记录下来的定位数据,运行数据分析脚本,指令如下:

```
bash  /apollo/scripts/msf_local_evaluation.sh
 /apollo/data/bag/2019-01-07-14-26-44/
 /apollo/modules/localization/msf/params/gnss_params/ant_imu_leverarm.yaml
```

数据分析结果如图 5-64 所示。图 5-64 中的 Fusion localization result 和 Foo localization result 分别是 FOO/IMU 组合定位和 FOO 定位的误差分析结果。从输出频次上看,FOO/IMU 组合定位数据输出频次明显高于 FOO 定位方式,但是 FOO/IMU 定位与 FOO 定位的位置误差均值都在 10cm 以上。参考表 5-3 的要求,可知其并不符合 L4/5 级自动驾驶汽车定位系统的精度指标要求。

■图 5-63　FOO 定位数据可视化结果示例

```
Fusion localization result:
26505 frames
criteria : mean     std       max       < 30cm    < 20cm    < 10cm  con_frames(>30cm)
error    : 0.301722 0.434129 2.256833 0.686701 0.671081 0.623165 004335
error lon: 0.206161 0.362990 2.252280 0.781815 0.737974 0.678287 003707
error lat: 0.172564 0.274703 1.126130 0.805357 0.750198 0.675835 002407
error alt: 0.960329 2.195927 10.893255 0.612865 0.562950 0.460894 007124
criteria : mean     std       max       < 1.0d    < 0.6d    < 0.3d  con_frames(>1.0d)
error rol: 0.138718 0.127313 0.919622 1.000000 0.987663 0.907187 000000
error pit: 0.241523 0.126074 0.592143 1.000000 1.000000 0.705301 000000
error yaw: 0.931985 1.062307 4.663433 0.702094 0.495642 0.395963 003086

Foo localization result:
450 frames
criteria : mean     std       max       < 30cm    < 20cm    < 10cm  con_frames(>30cm)
error    : 0.267278 0.648596 6.730317 0.733333 0.731111 0.706667 000117
error lon: 0.172080 0.589789 6.534631 0.815556 0.780000 0.746667 000033
error lat: 0.172793 0.291194 1.611137 0.762222 0.748889 0.733333 000047
error alt: 0.299849 1.021139 10.820866 0.802222 0.762222 0.720000 000061
```

■图 5-64　FOO 定位输出结果示例

5.3 本章小结

本章针对定位实践做了两部分的实验,分别是高精度地图实验和基于 Apollo 平台的定位实验。首先,了解高精度地图制作实践过程,通过编程实现了高精度地图制作中两个重要的环节,具体包括基于 Caffe 的交通标志牌识别与基于 PCL 的激光点云配准技术。然后,介绍了 Apollo 平台,以通俗易懂的方法让读者快速学习使用 Apollo,并且基于 Apollo 平台分别做了 GNSS/IMU 组合定位、LiDAR/IMU 组合定位、多传感器融合定位及自定义定位 4 个定位实验。

参考文献

[1] FORREST N,SONG H. Moskewicz,et al. SqueezeNet:AlexNet-level accuracy with 50x fewer parameters and <0.5MB model size [EB/OL]. (2016-11-04)[2019-05-03]. https://arxiv.org/abs/1602.07360.

[2] 乐毅,王斌.深度学习:Caffe 之经典模型详解与实战[M].北京:电子工业出版社,2016.

[3] 朱德海.激光点云库 PCL 学习教程[M].北京:北京航空航天大学出版社,2012.

[4] 章仕锋,潘善亮.Docker 技术在微服务中的应用[J].电子技术与软件工程,2019(04):164.

[5] 刘胜强,杜家兵,庞维欣.基于 Docker 虚拟化技术性能优化分析[J].2018(11):175-177.

[6] WAN G,YANG X,CAI R,et al. Robust and precise vehicle localization based on multi-sensor fusion in diverse city scenes[C]//2018 IEEE International Conference on Robotics and Automation (ICRA). IEEE,2018:4670-4677.

图书资源支持

感谢您一直以来对清华版图书的支持和爱护。为了配合本书的使用,本书提供配套的资源,有需求的读者请扫描下方的"书圈"微信公众号二维码,在图书专区下载,也可以拨打电话或发送电子邮件咨询。

如果您在使用本书的过程中遇到了什么问题,或者有相关图书出版计划,也请您发邮件告诉我们,以便我们更好地为您服务。

我们的联系方式:

地　　址:北京市海淀区双清路学研大厦 A 座 701

邮　　编:100084

电　　话:010-62770175-4608

资源下载:http://www.tup.com.cn

客服邮箱:tupjsj@vip.163.com

QQ:2301891038(请写明您的单位和姓名)

资源下载、样书申请

书圈

扫一扫,获取最新目录

用微信扫一扫右边的二维码,即可关注清华大学出版社公众号"书圈"。